השקרים של הכסף

בתור מי אתם חיים?

DR. LISA COONEY

עדויות

היא פשוט הכי טובה!

ד"ר קוני היא מטפלת יוצאת מן הכלל, מלאה בחמלה ומצוידת בשיטות שימושיות רבות. היא מקור נהדר לכל מי שצריך עזרה, וגם מספקת תמיכה מצוינת להחלמה מהתמכרויות.

ד"ר ליסה התאימה מאוד למה שחיפשתי ומה שהייתי צריכה במטפלת. היא מאתגרת אותי כשאני צריכה שיאתגרו אותי, מקשיבה כשאני צריכה אוזן קשבת, ובודקת לשלומי בין פגישות כדי לוודא שאני מתקדמת. אני גם הרגשתי שהיא מתאימה את הפגישות שלנו לצרכים האישיים שלי, מה שגרם לי לבטוח ביכולות שלה ועזר לי לסמוך על העצה שלה.

ד"ר ליסה (כמו שהרוב מכירים אותה) היא מטפלת והילרית מוכשרת שבאמת מחזיקה ביכולות לתעל

בדיוק את מה שכל אחד ממטופליה צריך, בין אם זה
שיחות טיפול מסורתיות או משהו קצת פחות שמרני.
היא אוזן קשבת נהדרת, אמפתית, אינטואיטיבית
וסימפטית. היא מרגישה את הרגשות יחד איתך. היא
עובדת כדי להבין.

ד"ר קוני מאוד קשובה ומספקת טיפול פסיכולוגי
שהתאים לציפיות שלי מאיך טיפול פסיכולוגי אמור
להיראות כדי שאוכל לקבל ממנו ערך. היא הקשיבה
למטרות שלי, מה עזר לי בעבר, ושינתה את הגישה שלה
לפגישות שלנו כדי להתאים לבקשות האלו. היא יוצרת
איתי קשר בין הפגישות שלנו מדי פעם כדי לבדוק מה
קורה איתי ומבחינתי זו השקעה יתרה בהתחשב
בכמות המטופלים שבטח יש לה. היא גם התאימה את
הלו"ז שלה כדי להצליח להכניס אותי כשהיו לי שינויי
לו"ז משלי כמה ימים לפני הפגישה שלנו והיא הצליחה
לקבוע אותה מחדש, ככה שלא התעכבתי בהתקדמות
שלי. בסך הכל, אני מאוד ממליצה על ד"ר קוני בזכות
השילוב המוצלח של מקצועיות ופרסונליזציה,
והמומחיות הברורה שלה בנושאים שבהם רציתי לדון.

ד"ר ליסה אמפתית, מבינה ומאוד אפקטיבית. מעולם לא התחברתי כל כך טוב למטפלת. אני באמת הופתעתי מכמה מהר היא הצליחה להבין אותי ולעזור לי. אני לא יכולה שלא להמליץ עליה, היא באמת עזרה לי לשנות את חיי מקצה לקצה.

תודות

תודה לכל התרבויות, המדינות והאנשים שהזמינו אותי להנחות את סדנת **השקרים של הכסף** במדינתם. זו הייתה זכות ענקית להנחות שינוי בשפה שלכם, במדינה שלכם ובמערכות היחסים שלכם עם כסף, מכל הכיוונים.

להשתחרר מהכלובים הכלכליים, התרבותיים והאתניים שלנו זה צעד חשוב כדי ליצור את המציאות הכלכלית שהיא באמת שלכם. להתעללות, בכל צורה שהיא, אין מקום על כדור הארץ. זה כולל את ההתעללות שאתם גורמים לעצמכם בכך שאתם מתנהגים כמו אדם אחר מול הכסף שלכם, חושבים משהו אחר כלפי עצמכם, וקונים את הנרטיב שמעולם לא התאים לכם. שנו את עצמכם, ואתם תשנו את העולם שסובב אתכם.

עכשיו, לכו ואמצו את כל מה שהיקום מוכן לתת לכם. תשיגו את זה, לא משנה מה! נראה אתכם...

הספר הזה מוקדש לכל מי שמתקשה להתמודד
עם כסף.
לכל מי שמרגישים שהחובות והדאגות הכלכליות
שאתם נמצאים בהן הם חור שחור אחד גדול שמעולם
לא תצליחו לטפס ממנו החוצה ולהמשיך הלאה ממנו.
לכל מי שמרגישים אבודים, מבולבלים, קפואים,
מפוחדים וחסרי יכולת לשנות את המציאות הכלכלית
של עצמם, אני חולקת את המילים האלו איתכם כאור
שיאיר את דרככם. אתם יכולים לבחור אחרת.
אתם יכולים לחיות את החיים שאתם רוצים.
אתם יכולים ליצור כסף, מזומן, מט"ח, השקעות
וחופשות כמו שתרצו.
תבחרו בעצמכם
תתחייבו לעצמכם
שתפו פעולה עם מי ומה שפועל לברך אתכם
צרו את עצמכם

מבוא

שמתם את הידיים שלכם על מכרה זהב.

או לפחות, על ערימת מזומן וכסף - מה שתרצו מביניהם (כי, כמו שגיליתי מאלפי המטופלים של ברחבי העולם, יש הבדל).

אבל הספר הזה הוא לא על כסף... הוא על השקרים של הכסף.

ובכנות, אם לא תבינו אותם לעומקם, הם ייצמדו אליכם כמו כדור צמר שקשור לעמוד שמסתובב סביבכם באותו המסלול שוב ושוב ושוב.

זה אולי יפתיע אתכם, אבל לשקרים של הכסף אין שום קשר לכסף או מזומן אמיתיים, אבל כן יש להם המון קשר לאיך שאתם משתמשים או יוצרים את "התזרים" - או המחסור בו - בחשבון הבנק שלכם, בניירות הערך שלכם ובהשקעות שלכם

במילים אחרות, הכל בא לידי ביטוי במציאות הכלכלית שלכם.

זה נשמע לכם כמו הרבה עבודה, או קצת יותר מדי בשבילכם?

אם כן, תשמחו לגלות, שכמו כל מי שהשתתף בסדנאות שהעברתי, שכל מה שצריך כדי ליצור מציאות כלכלית חדשה עבורכם הוא שינוי של מעלה אחת.

וכולם יכולים לעשות את זה, כולל אתכם.

כמו שתראו, ברגע שתגיעו לשם ותסתכלו, כלוב השקרים והמגבלות יתחיל לרעוד עד שהוא יקרוס.

ואז האמת מתחילה להתקיים. אז איך כל זה קשור לכסף?

כסף הוא אנרגיה, בדיוק כמו כל דבר אחר. אנחנו בכל תא ותא בגוף שלנו. אדנוזין ATP אנרגיה. יש לנו טריפוספט. זו אנרגיית הרוח, אנרגיית טביעת הנשמה שלנו.

אנחנו מגיעים בצורה מסוימת. גם לכסף יש צורה מסוימת. אנחנו כולנו עשויים מאנרגיה, אבל אנחנו מפרידים אותה מאתנו באמצעות השקרים האלו.

כסף הוא לא הבעיה - אנחנו הבעיה.

אין לזה שום קשר לשום דבר חיצוני לנו, אלא רק לכל מה שקורה בתוכנו, ומערכות האמונה שלנו. זה קשור לאופן בו אתם חושבים על כסף, מה אתם משליכים

עליו, מה המשמעות עבורכם של כסף שאתם מייצרים בעצמכם, ואם יש לכם כסף או אין לכם.

הספר הזה מלא בשיעורים שהוצאתי מתוך סדנאות נהדרות, או "טעימות" כמו שאני קוראת להן, אודות השקרים של הכסף, אותם הנחיתי בחלקים שונים בארצות הברית.

לצערי, יש שקרים מסויימים שצפים בקרב אינדיבידואלים שונים, המשפחות שלהם, התרבויות שלהם, ואותם שקרים גם עוברים מדור לדור. במהלך מעל ל-20 שנות עבודה עם אנשים, עם קבוצות ובעבודה בינלאומית, ראיתי שכסף הוא אחד משלוש הסיבות שבגללן אנשים מגיעים אלי (השתיים האחרות הן בריאות ומערכות יחסים).

התחלתי לשים לב שיש דפוס אצל המטופלים שלי שהציגו בפני את 'אותן הבעיות', דפוס בו הם הצליחו לייצר כסף, אבל לא להחזיק בו.

אחרים הרגישו שהם לא מצליחים לייצר כסף, ולכן - לא יכולים שיהיה להם כסף.

אם אתם קוראים את הספר הזה, אני מניחה שאתם תזדהו עם החוויות השונות שמתוארות בין עמודיו, ושכתוצאה מכך, אתם תתחילו את השינוי-של-מעלה-אחת שלכם. וכשתצליחו, זה אומר שאני הצלחתי בעבודתי.

כי העבודה עם השקרים של הכסף היא התמודדות עם שלושת השאלות הבאות:

- *מי אני?*
- *מה אני?*
- *לאילו שקרים נפלתי, והפכתי אותם לאמת?*

תסמכו עליי, זו לא עבודה לאנשים עם לב חלש.

אבל זו כן עבודה בשביל מי שמוכנים לחיות מתוך השאגה® שלהם - מה שאני קוראת לו לחיות מציאות אורגזמית רדיקלית.

זו עבודה לשאגה® העצומה בתוככם שאומרת "די. זה כבר לא משתלם לי להתחבא מאחורי השקרים האלו יותר".

ואתם יודעים כבר, זה באמת לא משתלם. אז, בואו ...ותשיגו את הכסף שלכם

כי כסף שנמצא בידיים שלכם ישנה את העולם.

1

———

להתחיל מאפס

"אני אתן לכם רק טעימה קטנה מהשקרים של הכסף הערב". אני זוכרת שאמרתי את זה לקהל הנלהב שלי במאווי כשנסעתי לשם להנחות סדנה אודות השקרים של הכסף. זו הייתה סדנה קפדנית בה ניסינו להשיל שכבות על שכבות של טראומה, שיפוטיות, שיפוטיות-עצמית ועוד כל כך הרבה דברים שכל אותם האנשים האלו חוו בחייהם. זו תמיד פריווילגיה ואחריות גדולה כשאנשים סומכים עלייך ומצפים שטוב הלב שלך יירפא את הפצעים העמוקים ביותר שלהם. הזכות לחלוק את הסיפור של אותה סדנה היא ברכה נוספת שמאפשרת לי להתחבר איתכם, קהל הקוראים שלי. אז, בואו נתחיל...

זה מעניין לדבר על כסף, כי כסף מביא איתו אנרגיה של תקיעות. יש שלושה שקרים מרכזיים לכסף, ואם מסתכלים עליהם, מגלים שאלו הנחות שקיימות בכם,

I

שהן לא באמת אתם, והן אלו היוצרות את המציאות הכלכלית שלכם.

אבל אתם כן מאמינים שזה מי שאתם.

עכשיו, יכול להיות שזה לא יישב בראש שלכם, ואתם תרגישו קצת אבודים.

אני מקווה שהשכל שלכם יתרחב כשתקראו את זה, כי מה שכולנו עשינו לעצמנו סביב הנושא הזה של כסף הוא חיסול רדיקלי של היצירתיות הפנומנלית והגאונית שלנו.

אז, מה כסף נותן לנו במציאות הזו? הוא נותן לכם חופש? הוא מאפשר לכם לבחור בחירות טובות ונכונות? הוא נותן לכם משהו יוקרתי? מה עוד הוא נותן לכם? צחוק?

סביר להניח שאתם חושבים שהוא נותן לכם ביטחון, בידור, פינוקים ועוד. וזה מה שהמשתתפים בסדנה במאווי אמרו.

המציאות שלנו פועלת סביב כסף, ועדיין רוב האנשים מרחיקים כסף מעצמם עם כל כך הרבה שקרים. ואני הולכת לגשת לשלושת השקרים האלו שפועלים כמו חור בכיס שלכם.

אני רוצה שעכשיו תדמיינו כסף. אישית, אני שומרת על הכסף בארנק שלי, לרוב לצד שטר של 100 דולר, והכל מוחזק יחדיו עם קליפס כסף מ-14 קראט זהב. זה דבר כבד - אפילו הרוח לא תעיף לי את הכסף

כשאני מסתכלת על הכסף הזה מוחזק היטב, זה משמח אותי. כשאני מחזיקה אותו ביד שלי, אני מרגישה עוצמתית. אני מרגישה יצירתית. אני מרגישה מעודדת כשאני עושה קצת קניות ומשתמשת בכסף הזה.

כשאני מחזיקה כסף בארנק שלי, אני יודעת שהכל אפשרי. כשאני מסתכלת במראה, אני יודעת שהכל אפשרי. כשאני מסתכלת על האוקיינוס, אני יודעת שהכל אפשרי.

עם זאת, רובנו מסתכלים על כסף ובוחרים להאמין ששום דבר לא אפשרי, אלא אם כבר יש לנו את הדבר הזה.

אז, זה השקר הראשון של הכסף: רובנו מאמינים שחתיכת הנייר הזו היא בעמדת כוח עלינו, שהיא יותר חזקה מאיתנו, שהיא פשוט יותר ממה שאנחנו. יש לה סמכות עלינו. היא הבעלים שלנו.

תסתכלו על איך אתם מסתכלים על כסף עכשיו. תסתכלו על מה עולה בגוף שלכם כשאתם מסתכלים על כסף. תקשיבו למחשבות שלכם ומה אתם אומרים לעצמכם כשאתם רואים כסף:

- *מה אתם חושבים?*
- *מה אתם שופטים?*
- *מה החלטתם?*
- *מה הסקתם?*

- *...מה אתם משווים?ו*
- *איך, אולי, החלטתם שהכסף הוא אלוהי המציאות ושאתם צריכים להשתחוות בפניו ולהישבע אמונים לו, כדי שיהיה לכם עוד ממנו?*

זה שקר.

אין שום דבר שאתם צריכים לעשות או להיות כדי שתהיה לכם את הזכות הזו. אתם פשוט צריכים לבחור להיות ולעשות את מה שנכון עבורכם. אז, זהו השקר הראשון של הכסף.

השקר השני הוא משהו כזה: בואו נגיד שאתם לוקחים את הכסף שלכם לייעוץ זוגי. אתם שמים את הכסף על הכיסא - ואתם על הכיסא שלכם - והמטפלת הזוגית מכוונינה אתכם ואת הכסף שלכם לדבר על מערכת היחסים שלכם, תוך שימוש בשפת ה-"אני".

אם הוא יכל לדבר אליכם, מה הוא היה אומר לכם? כמה יפה הייתם מתייחסים אליו? האם הוא המאהב שישן על הספה, ולכן, לא אהובכם?

האם הוא מעדיף לצאת וללכת לשתות עם חברים במקום לבלות זמן איתכם? או שאתם אלו שאוהבים לצאת עם חברים במקום לבלות זמן איתו? אתם יכולים

בכלל להשתעשע במחשבה הזו שהכסף הוא בן הזוג שלכם?

זה השקר השני שנדבר עליו, שכסף הוא האויב שלכם, הסוהר שלכם, ושאתם העבד שלו. ושאלא אם יש לכם אותו, אתם לא יכולים לבחור בחירות שהן מעבר למה שאתם בוחרים כיום. שאתם בחיים לא תקבלו ממנו את מה שאתם צריכים.

בתוך השקר הזה, אתם תמיד תבקרו את הכסף. אתם תמיד תהיו סקפטיים לגביו. אתם בחיים לא תסמכו עליו. אתם תרצו לבגוד בו. אתם תרצו להתפרע איתו. אתם בחיים לא תחזיקו בו. בחיים לא יהיה לכם אותו. אתם בחיים לא תבחרו להקיף את עצמכם בכסף.

אתם שמים לב שיש נושא משותף לכל אלו? הנושא המשותף הזה חי בתוך כולנו, הוא חי בתוככם.

אז, השקר הראשון הוא שכסף הוא אלוהים ואתם פחות ממנו. השקר השני הוא שכסף הוא המתעלל שלכם, הסוהר הנצחי שלכם, ושלא יכול להיות לכם כסף.

והשקר השלישי? אתם יכולים כבר לנחש?

כשאני שואלת את השאלה הזו בסדנאות שלי, לכל המשתתפים יש את התשובות היחודיות שלהם, ואף אחת מהן היא לא נכונה. אז, הם אומרים דברים כמו 'אף פעם לא יהיה לכם מספיק כסף'.

'כסף הוא מרושע'.

'צריך לעבוד קשה בשביל כסף'.

'כסף לא יכול לקנות לי אהבה'.

וכל הדברים האלו הם מאה אחוז נכונים לאותם אנשים שמרגישים שזה מה שנכון במציאות שלהם. השקרים האלו נוצרים בתוך מערכות אמון. הם שיפוטים. הם דברים שלפיהם אנחנו החלטנו, שפטנו, הסקנו, חישבנו והגדרנו את המציאות סביבנו, כולל חשבונות הבנק שלנו, מערכות היחסים שלנו, הגוף שלנו, העבודה שלנו, המטלות שלנו, הבגדים שלנו וכל מה שקיים ביניהם.

הם מחליטים מתי אנחנו יכולים לטוס להוואי, מתי אנחנו לא יכולים, מה אנחנו אוכלים כשאנחנו יוצאים לסופר או למסעדה, או כל דבר אחר.

אבל אלו רק מערכות אמונה.

השקר השלישי הוא שהכסף הוא הבעיה.

הכסף הוא לא הבעיה - אנחנו הבעיה. מה שאנחנו חושבים עליו, מה שאנחנו משליכים עליו, מה שאנחנו מחליטים שהוא בשבילנו, לפי מה אנחנו מגדירים את עצמנו סביב כסף, בין אם יש לנו כסף או לא.

כל אלו הם לא כל השקרים של הכסף, אבל אלו הם שלושת השקרים המרכזיים של הכסף שהתבהרו לי לאורך המסע האישי שלי, והם הליבה של הספר הזה.

2

להגיע לתחתית

אז, בין אם אי פעם ראיתם אותי מדברת ובין אם לא, אתם בטח יודעים שאני בדרך כלל מתחילה מתוך מבנה או אאוטליין של מה שאני הולכת לדבר עליו, ואז בערך עשר דקות לפני המפגש אני זורקת הכל לפח כי אני מתחברת עם האנרגיה של מה ומי שמגיעים ומופיעים מולי.

אני מקשיבה למה שהגוף וההוויה שלהם - האנרגיה של כל המשתתפים ביחד - יכולים ורוצים לשמוע. זה יותר חשוב מכל אאוטליין שאני אבנה, לפחות בשבילי. ואז תמיד, אפילו שזרקתי את זה לפח, אני קושרת הכל חזרה לאותו האאוטליין למען המבנה והקוהרנטיות.

אז, איך אני עושה את זה? חלק מזה מגיע מתוך הרשיונות והאכשרות שלי כד״ר לפסיכולוגיה, מטפלת קלינית ומטפלת סומאטית בטראומות. טיילתי ברחבי

העולם, יש לי תכנית רדיו, אני מנחה סדנאות - של עבודת גוף ושל עבודה אנרגטית - ברחבי העולם.

אבל יש כמה דברים נוספים שמבדילים אותי ומאפשרים לי להגיע למפגש, לזרוק את האאוטליין שלי לפח, ולדבר אל מה שנוכח בחדר - וזה מבוסס אנרגיה. כדי להסביר את ה-'איך', הרשו לי לחלוק איתכם כמה דברים שהשאירו בי סימנים לאורך חיי.

בערך לפני 15 שנים, אובחנתי עם מחלה סופנית. ואז, הבנתי שיש לי בעיה קשה עם כסף. אם תחלו, אתם תגלו שביטוח הבריאות שלכם בארה"ב לא מכסה טיפולים נטורופתיים. תוכלו בקלות לאבד את הפנסיה שלכם, את הבית שלכם, את ההשקעות שלכם, ועוד ועוד ועוד. וזה בדיוק מה שבחרתי לעשות, ואני עדיין כאן.

כשאובחנתי לראשונה, הרופא אמר שהדבר הכי טוב שאני יכולה לעשות הוא לחיות על תרופות לשארית חיי, ושאני אצטרך להסיר איבר או שניים, אולי אפילו שלושה או ארבעה, והם יחליטו מה וכמה רק אחרי שיפתחו אותי. מי יודע? אז, הם נתנו לי שלוש אפשרויות: להרוג את המחלה, לחיות על תרופות, או להוציא אותה מהגוף שלי.

באותה תקופה, הייתי בערך בת 30, ואמרתי לאנדוקרינולוג, "טוב, חייבת להיות עוד אפשרות".

אני בחיים לא אשכח אותו כי הוא אחת הסיבות המרכזיות שנכנסתי לעולמות האנרגיה כאמצעי לריפוי,

שינוי ובחירת בחירות אחרות בחיי - אפשרויות אחרות - בחיים הפיזיים, הרגשיים, הרוחניים, הכלכליים והאנרגטיים.

הוא אמר לי שאין עוד אפשרות. שום דבר אחר לא אפשרי.

אז, יצאתי מהחדר שלו ולא ראיתי אותו יותר מעולם, וזה הוביל אותי אל המכון לריפוי תטא® (כיום במונטנה), שם ביליתי שלושה חודשים.

תוך שלושה שבועות, החלמתי מהמחלה. לקח לי קצת יותר זמן לרפא את הגוף שלי מכל הבעיות שהיו לו, כי רפואה ותרופות הוליסטיות מסתכלות על כל בעיות הגוף כמכלול.

האנדוקרינולוג, לעומת זאת, משתמש ברפואה אלופתית כדי להסתכל על המערכת האנדוקרינולוגית ועוד כמה איברים ומערכות המתקשרות אליה. אני לא בהכרח אומרת דברים רעים על אנדוקרינולוגיה או על רפואה אלופתית. אני עדיין משתמשת ברפואות האלו, זו פשוט החוויה האישית שלי.

כשבחרתי את הבחירה הזו וראיתי מה יכול לקרות באמצעות אנרגיה, ידעתי שיש עוד דברים בחיים שפועלים מאנרגיה. אז, החלטתי לשנות את כל הפרקטיקה שלי מלהיות ד"ר לפסיכולוגיה מסורתית, ולהתחיל לעשות טיפולים שבועיים להנחיית קבוצות, עבודה אנרגטית, ריפוי אנרגטי, ולהיכנס במערכת

האמונות והמגבלות של מה שאנחנו חושבים שהוא אפשרי פיזית ופסיכולוגית ויוצר את המה-חלות והמחלות בגוף שלנו.

אוקיי, אז איך כל זה מתקשר לכסף?

אז, הייתי צריכה לעשות עוד כסף. עלה לי בערך שני מיליון דולר לרפא את עצמי. הייתי חולה. הייתי במשרד של הנטורופת בערך פעמיים או שלוש בשבוע, שמונה שעות ביום, ועשו לי בדיקות לזה ולזה ולזה. זריקות, עירויים, הכל. ובאותה תקופה, גם נסעתי למכון כדי לקבל את התואר השני שלי - כי, כמובן, הייתי חייבת לעשות עוד תואר.

אבל, בכל אותה תקופה, ראיתי איך החשבונות נערמים והפנסיה שלי מתכווצת. ראיתי איך הבית שרציתי לבנות והאדמה שרציתי לרכוש, התכנית שלי, וכל מה שהצבתי לעצמי בחיים האלה, מתחילים להתפרק בגיל 30. חשבתי שזה הסוף.

ואז הגיע הסוף האמיתי... אפס.

אתם אולי יודעים למה אני מתכוונת.

כן, זה העובר ושב שלי.

הגעתי לנקודת ה-'אפס', והייתי מבוהלת. גדלתי בניו יורק. אבא שלי עבד קשה בתחום הנדל"ן. הוא מימן לנו את הלימודים. תמיד היו לנו עבודות. תמיד עבדנו. תמיד היה לנו את הכסף שלנו. תמיד למדנו. הוא לימד אותנו לחסוך, ומה לעשות, וכל הדברים האלה

ה-'אפס' הזה לא היה מוכר לי... מעולם לא פגשתי אותו.

עבדתי מאז שהייתי בת תשע. אהבתי את מסלול חלוקת העיתונים שלי. לאמא שלי היה רכב ישן, והיא הייתה מסיעה אותנו. בכל מקרה, זה היה כיף. ואהבתי את חג המולד. כלומר, את הטיפים של חג המולד.

אהבתי את הריח של כסף. אהבתי את הטעם של הכסף. אני תרתי משמע הייתי מריחה וטועמת אותו. בחופשות הקיץ בקולג', עבדתי בבנק. כל יום שישי היינו נכנסים לכספת כדי לשבת שם ולנשום את הכסף. אבא שלי היה יזם. אני יזמית. לא עבדתי עבור אף אחד מאז שהייתי בשנות ה-20 לחיי. הוא אמר לי בגיל מאוד צעיר, "ליסה, זה לא עולם של גברים. זה גם עולם של נשים. תעשי רק מה שאת אוהבת. תעבדי רק עבור עצמך. תהיי הבוסית שלך, צאי לעולם ותעשי מיליונים".

הוא היה ילד עני מברוקלין. הוא קיבל מלגת פוטבול לקולג', ואז התגייס לצבא וקיבל ככה עוד חינוך. הוא דור שני למהגרים אירים. אמא שלי הייתה דור שני למהגרים איטלקים. לעבוד קשה היה חלק מהתרבות שלהם. חינוך היה חלק מהתרבות שלהם. הם כולם עבדו בניו יורק, אלו היו החיים.

אני לעומתם, נסעתי לקליפורניה ונעלתי בירקנשטוק, אבל כסף תמיד היה האהבה שלי. היה לי רומן עם כסף. אתם יודעים איך כסף מריח? מה הטעם שלו? יש בו פשוט איזה משהו. ואני מייחסת את כל זה לאבא שלי.

הוא הראה לי את הכוח של לסגור עסקאות, לעמוד במילה שלך, ולשתף פעולה עם אחרים.

היו לו שש-עשרה או שבע-עשרה בניייני מגורים בשלב מסוים. העבודה שלי הייתה לספור את הכסף ולשים אותו בערימות מזומן לאורך שולחן העבודה שלו במרתף. לא רציתי לעשות שום דבר אחר. לא רציתי ללכת לשום מקום אחר. אנשים יכולים ללכת לשחק. הם יכולים ללכת ולהתלבש יפה. הם יכולים ללכת לקניון, לעשות מה שבא להם. אבל אני רציתי להיות ליד הכסף. רציתי להריח אותו, לטעום אותו. אם הייתי יכולה להיות מוקפת בכסף, זה כל מה שהייתי רוצה לעשות.

ואז הגעתי לגיל שלושים, והיה לי אפס בחשבון הבנק.

איפה אני אחיה אם זה ימשיך ככה? מה אני אוכל? מה אני אגיד לאמא שלי? איך אני אספר על זה לאבא שלי?

או, יותר נכון - איך אני אסתכל על עצמי במראה? כאילו, בנקודה הזו, היה לי את התואר השני שלי. הייתי מתאמת טיפולית במרכז טיפול באריזונה. כן היה לי משהו ביד.

ואז חליתי.

וכשחולים, כל העולם משתנה.

אז, הייתי חייבת להסתכל שוב ושוב על ה-o הזה - ולבחור בחירות אמיתיות, כי אחרת אני עלולה למות.

יכולתי לחזור להורים, מה שהיה הורג אותי, אבל יכולתי לחזור להורים.

יכולתי ללכת לגור עם חברה. יכולתי למכור את כל הרכוש שלי.

יכולתי להמשיך ללכת לעבודה, לעבוד קשה יותר, אבל זה נהיה יותר קשה כשחליתי.

אז, מה עוד יכולתי לעשות?

אז התחלתי לשאול, "אוקיי, איך מישהי כל כך בריאה נהייתה פתאום כל כך חולה?" כנראה שלא הייתי כל כך בריאה. מחלה לא מופיעה ככה סתם בין לילה. יכול להיות שההבחנה תגיע בין לילה, אבל מחלות נבנות לאורך שנים ואפילו עשורים. ככה היקום נתן לי את אותותיו. באותו רגע, ידעתי שאני צריכה לשנות את המציאות שלי, ואת המציאות הכלכלית שלי.

היו שקרים שחייתי לפיהם שאיכשהו יצרו את המחלה הזו, הביאו את המחלה הזו כדי ביטוי בגוף שלי - באמת בחירה לחיות או למות. וכל זה קרה כי הדבר הזה, שמעולם לא באמת היה לי, נלקח ממני.

אם כסף לא היה נלקח ממני וה-'אפס' הזה לא היה מגיע, אני רוצה שתבינו משהו: לא הייתי מקשיבה. הייתי ממשיכה לחיות את חיי באותו אופן כי לא הייתה שום בעיה, נכון?

אז, מסתבר שועוד איך הייתה בעיה

אם אהיה כנה, אני אגרתי כסף. אני מתודה שהייתה לי חיבה אמיתי כלפיו. באמת. החזקתי באמונה שכשאני מחזיקה בכסף וכשאני מוציאה כסף, אני משפיעה על התודעה של משהו.

כשאני עוסקת בעבודה שלי, כל העולם מתעורר לתחיה - הודו, הונג קונג, טאיוואן, הוואי, קליפורניה, קולורדו, פלורידה, וכל מקום אחר בו הנחיתי קבוצות. כשאני חווה את הרגע הזה של המודעות, את רגע ה-"א-הא", זה כסף שאני שמחה שהוצאתי כדי להגיע לנקודה הזו. זה תורם לצמיחה של המודעות. אני אפילו לא יודעת מה יקרה, אבל זה איכשהו יגדיל את חשבון הבנק שלי.

והאמת היא, שזה יצמיח אותי בכל הרמות: האנרגטיות, הפיזיות, הרוחניות, הפסיכולוגית והכלכליות. אני רוצה את הכל. אבל אני לא רוצה את הכל פשוט בשביל עצמי, אני רוצה את כל זה לכולנו.

כמו שאמרתי קודם לכן, אתם האנשים שאני דורשת שיהיו על כדור הארץ הזה, ושאני דורשת שיהיה להם כסף. אני דורשת שיהיה לכם כסף. אני רוצה שיהיה לכם כסף. לא רק כדי להוציא אותו אלא כדי שיהיה לכם אותו, כדי לשנות את המודעות על כדור הארץ כי יש לי מטרות גדולות יותר מהאנשים אותם אני פוגשת לכמה שעות.

המטרה שלי היא לחסל ולהעלים את כל סוגי ההתעללות מעל כדור הארץ ולהבטיח שלכל אחד

ואחת תהיה את האפשרות לבחור לחיות מציאות חיה, אורגזמית רדיקלית.

אתם יודעים כמה התעללות כלכלית יש על כדור הארץ? כמה מכם עברתם התעללות כלכלית? אפילו שאבא שלי לימד אותי את כל הדברים האלו, היה גם שקר מאוד גדול במשפחה שלי.

כילדה, הייתי דוגמנית בניו יורק, והיו דברים בלתי ניתנים לתיאור שהוכרחתי לקחת בהם חלק בגיל מאוד צעיר. אנשים שילמו עבור הדברים האלו שהכריחו אותי לעשות, ואני לא קיבלתי מזה כסף.

אבל זה עלה לי המון כסף 30 שנים אחרי.

לא בהכרח יש לכם סיפור קיצוני. חלקכם תזדהו עם מה שאני אומרת, וחלקכם לא יבינו על מה אני מדברת. אני לא אומרת לכם, "בואו לפה עכשיו ותחוו את הדברים האלה."

אבל החלק עם הכסף, כן, הייתי רוצה שכולכם תעשו אמבטיית כסף. תלבשו אותו ותתעטפו בו. האמת, אלו שיעורי הבית שלכם: קחו כמה שיותר שטרות של 100 ו-50 דולר, שימו עליהם קצת דבק, ותתכסו בהם.

אוקיי? פשוט תעשו את זה ותהנו מזה. אתם יכולים להזמין מישהו, מי שבא לכם. בתקווה, אם אתם נשואים, אז זה מי שנמצא לידכם, אבל אולי תרצו מישהו אחר לידכם.

תזמינו עוד מישהו - זה מה שאני מדברת עליו - לחיות מציאות אורגזמית רדיקלית. כסף לא צריך להיות נושא כל כך כבד. במצבים הקיצוניים שלי, תאמינו לי, זה לא היה כיף. אבל, ככה זה נראה כשהסתובבתי, הסתכלתי, נכנסתי וניקיתי. היכולת לעמוד פה היום ולחשוב שיש לי מה לחלוק. אני חייבת להסתובב ולהסתכל.

ואתם יודעים מה? כשזה מגיע לאותם ימים, אבא שלי נתן לי מתנה. הוא לימד אותי שכסף לא קשור למגדר. הוא לא קשור למאיפה הגעת, או איזו השכלה או הכשרה יש לך. זה אפילו לא קשור לעבוד קשה.

זה הבחירה להיות מה שאתם רוצים להיות.

אבא שלי עבד המון, וחגג המון. הייתי ביותר משחקי סופר-בול ואירועי ספורט משאני יכולה לזכור. אבא שלי היה מעריץ יאנקיס, אז הייתי שם כל רביעי, שישי, ובסוף השבוע. בפוטבול, הוא היה מעריץ של הניו יורק ג'יאנטס. בימי ראשון, היינו שם. הוקי, הניו יורק ריינג'רס, שני, רביעי, שישי. והוא היה גורר אותנו למדיסון סקוור גארדן, לניו יורק ניקס. זה מה שהיינו עושים.

הוא אמר לכל החברים שלי, לאח שלי, לאחותי, והיינו כל אחד מזמינים שניים או שלושה חברים על הכרטיסים שלו. הוא היה יוצא לרחוב וקונה מושבי יציע ב-$5 כדי שכל הילדים וכל החברים שלו יוכלו ללכת למשחקים. זה לא היה בזכות שפע של כסף - זה פשוט איך שהוא בחר לחיות את החיים. למרות שהוא כבר לא

איתנו, אני אסירת תודה לנצח לכל הרגעים האלו. ב-25 השנים בהן עבדתי בטיפול ברמה הבינלאומית, הלאומית והלוקאלית, מעולם לא פגשתי אף אחד עם חוויית הורות כל כך ייחודית בהקשר של חינוך כלכלי. זו מציאות לא נפוצה.

אבל כשנחלתי, הגעתי לתחתית, וזה הסיר ממני את כל הזוהר, את האושר, את החיוך המדבק הזה שאני מדברת עליו הרבה - הכל נעלם כשעמדתי מול אפס כלכלי.

יכולתי להיכנע לסיפור הקורבן, אדם שמתמודד עם מחלה, נואש, מוותר על הכל, בלי שום רצון לעזור לאף אחד, גם לא לעצמו. יכולתי גם לוותר על החיים לחלוטין.

אבל החלטתי לבחור בחיים, בלי קשר לסיפורים האישיים שלנו או חוויות העבר שלנו, לא משנה כמה קשים הם היו, עדיין יש לנו את כוח הבחירה. השאלה שאנחנו עומדים בפניה היא: האם אנחנו בוחרים לחיות במציאות שמוגדרת לפי שקרים, או מציאות שבנויה מאמיתות? האם נתרכז בשפע, או במחסור? איזו מציאות אתם רוצים ליצור?

אני מבינה שזה אולי נשמע פשטני מדי. תסמכו עליי, אני מבינה את זה, בטח כשאתם מרגישים שאתם כלואים בחול טובעני, כלואים בתוך שקר. הבדיה נראית כל כך מציאותית שאתם משחזרים אותה באופן קבוע, בלי לדעת. היא מתמצקת והופכת ליותר ויותר

קשה להפרכה, וכבר כמעט ואי אפשר לדמיין
משהו אחר.

הנה השאלה האמיתית: אתם מחייכים? אתם מוצאים
אושר באימוץ של השקרים של הכסף?

אם לא, אז חפשו את המולקולה הקטנה הזו בתוך הגוף
שלכם, התמימות הילדית הזו שאבא שלי הנכיח אצלי -
תמימות של יצירה, עסקים, עבודה, כיף, אושר,
והבחירה להיות הבוסים של עצמכם. אתם לא בהכרח
צריכים להיות הבוסים של עצמכם, אבל אתם יכולים
לאמץ את הלך הרוח הזה גם אם אתם עובדים בשביל
מישהו אחר. הרעיון הוא לבחור לראות את האפשרויות
הקיימות במקום להתרכז במגבלות. הכל אפשרי.

אז, זו הצצה לתוך הסיפור שלי, אבל מה לגבי השקרים
של הכסף? אתם בטח שואלים את עצמכם אילו בחירות
אתם דוחים בזמן שאתם מאמצים את השקרים של
הכסף... השקרים שאתם בוחרים בהם באופן אקטיבי?
ומה המחיר האמיתי של להאמין בשקרים האלו באופן
עקבי? מה תעשו אם תשבו מול המחשב, כמו שאני
ישבתי באותו היום, תבהו באפס הזה, תתחרפנו,
תתכננו את התכנית ב׳ שלכם, אסטרטגיית המילוט
שלכם?

בהנחת המצב הכלכלי הנוכחי שלכם, אילו בחירות או
יצירות תוכלו לעשות?

והנה השקר האהוב עליי - והשאלה - המציאות
הכלכלית שאתם חיים אותה, של מי היא?

כשאני הייתי בתחתית, הייתי חייבת לשאול את עצמי, "מה אני אוהבת בלהיות בנקודת האפס? מה אני אוהבת בלהיות במצב של דרמה וקטסטרופה? מה אני אוהבת בלהיות חולה? אני גוססת כדי לברוח ממה? ממה נמאס לי? מה מחלה אותי?"

ולא "את יכולה להזמין אותי לקפה כי אין לי כסף ואני ממש מתחרפנת, הבוסית שלי כלבה, ואני לא יכולה ללכת להורים שלי כי הם שונאים אותי, והם ישתמשו בזה נגדי לכל שארית חיי, וזה, וזה, וזה..."

כלום. שום דבר.

כדי באמת להבין את המצב שלכם, אתם צריכים לשאול את עצמכם, "מה אני עושה כדי ליצור את זה? אילו בחירות אני בוחרת כדי להנציח את הדפוסים האלו? למה אני פועלת באופן שגורם לי לרצות לוותר? איך אני מרשה לעצמי להיות מרומה? אילו פעולות אני עושה שמגבילות את הפוטנציאל שלי?"

התשאול העצמי הזה הוא עבודה מאתגרת שנותנת לשקרים ולהטעייה העצמית לצוף. הנרטיבים שאנחנו בונים עובדים כמו עדשות מוכתמות בהכחשה, מגנים עלינו מלהתמודד עם האמת. אנחנו הרבה פעמים מעדיפים להחזיק במראית עין של עליונות וצידקה בדברינו במקום לצלול לתוך המציאות שנמצאת מאחורי הווילון.

אני מעדיפה להתמודד עם האמת. אני רוצה להסתכל במראה ולהכיר באותנטיות במקום להמציא לעצמי

נרטיבים. אפילו כשאני תופסת את עצמי ממציאה סיפורים, אני מאמצת אותם מתוך מקום כנה. למשל, אם עולה בי כעס, אני מסתכלת פנימה ושואלת, "איפה כבר הצגתי התנהגות כזו בעבר?" וכשעולה שיפוטיות, אני משקפת לעצמי, "איפה חוויתי שיפוטיות כזו?"

אני שואפת לחיות מעבר למבנים המגבילים האלו, למנף את הטריגרים כדי שיהיו יתרון עבורי ולהפוך אותם להזדמנויות לצמיחה אישית וכלכלית. מאוחר יותר, אני אשתף כמה טכניקות להצליח בתהליך כזה.

אז כן, לדבר על הרעיונות האלו בתכנית הרדיו השבועית שלי לקהל של 205,000 מאזינים ברחבי העולם דרש הרבה אומץ. למרות ההכרה בי בקהילת הבריאות, בעיקר בזכות הפרקטיקה של תטא הילינג® הכוללת עבודה עם האנרגיה היצירתית של היקום, אני יכולה להכיר ולאמץ גישות שיכולות להרתיע אנשים.

למרות שיש לי רשיונות ותארים בעולמות הרפואה הקונבנציונלית, אני מאמצת גישה רחבה יותר. התארים האלו, עם כמה שהם חשובים, לא מגבילים אותי להישאר בתוך קופסה. במקום זאת, הם משרתים אותי כנכס, מייצרים עניין בקרב קהל בינלאומי ופותחים דלתות עבורי להזדמנויות לשיתופי פעולה. המטרה פה היא לא להתרברב, אלא להדגיש את החשיבות של מינוף כל היכולות והנכסים שיש לכם לטובתכם.

במהות שלנו, כולנו מחזיקים משהו בעל ערך. מה שחשוב הוא להכיר ולהשתמש ביכולות הייחודיות שלנו כדי ליצור מציאות מעבר למגבלות שלנו.

כל אחד מאתנו הוא נפלא ומרהיב. כתבתי את המסה שלי על הנושא הזה, אז אני יודעת על מה אני מדברת. קוראים לזה טביעת נשמה, ובדיוק כמו טביעת אצבע, היא ייחודית לכל אחד ואחת מאתנו. זו טביעת הנשמה שלכם. לכל אחד מכם יש טביעת נשמה שנטבעת בשפתי המציאות.

שלי היא, במקרה, קשורה למה שאני עושה כאן היום. שלכם היא מה שאתם עושים, ומי שאתם - או מה שאתם מסרבים להיות או לעשות - אבל יש לכם טביעה כזו.

?המציאות הכלכלית בה אתם חיים - של מי היא

אז, איך אפשר להפוך להיות השליטים של המציאות בכל רמה, ממעמקי השכל שלנו ועד המציאות הפיזית היומיומית בה אנחנו חיים? אנחנו יכולים להתחיל מהשכל. האמת היא, בסדנאות שלי, אחת המשתתפות שאלה אותי שאלה קריטית. היא אמרה, *'טוב, אז חשבתי על הבעיות שלי עם כסף בתת מודע, אבל לא שיש לי בעיות עם כסף. תמיד אפשר להשיג עוד כסף, ואני יכולה*

להשיג עוד כסף בקלות, אז חשבתי לעצמי - מה מחזיק אותי מלעשות את זה, אפילו אם אני כן מצליחה לשאול את השאלות האלו. איך אני יכולה לעשות את זה?'

השאלה שלה הייתה מהותית, והתשובה נמצאת מאחורי שאילת שאלות עצמאיות מהותיות: המציאות הכלכלית בה אתם חיים - של מי היא?

לפני שאתם שואלים את עצמכם את השאלה הזו, שימו לב אם הגוף שלכם מרגיש קל או כבד, ותנסו לראות את השינוי שאתם מרגישים בגוף שלכם כשאתם שואלים את השאלה הזו.

כשאני שואלת את השאלות האלו בסדנאות שלי, המשתתפים תמיד משיבים תשובות ייחודיות.

"אוקיי. המציאות הכלכלית בה אתם חיים - של מי היא?"

"של דוד שלי"

"של אחד ההורים שלי"

"של אבא שלי"

"של הכישרון שלי"

ויחד עם התשובות שלהם, כל אחד מהם מרגיש שינוי באנרגיה שלהם. חלקם מרגישים שחם להם, אחרים שקר להם, חלק קלילים, חלק כבדים. זה חדר שמלא בשינויים אנרגטיים. זה כמה עוצמתי יכול להיות שינוי של שאלה אחת

אז, קוראים יקרים שלי, מציאות כלכלית של מי אתם חיים?

נסו לזהות מה עולה אצלכם ונסו להבדיל בין האמת לבין השקר(ים). השקרים שניטעו על ידי העולם סביבנו, מערכת החינוך, האימהות שלנו, האבות והבוסים שלנו. השקרים האלו משפיעים ומעצבים את המציאות הכלכלית שלנו באופן משמעותי.

אז, אם המציאות הכלכלית שאתם חיים היא שלכם, מצוין, אבל בכל מקום בו למציאות הכלכלית שלכם יש מגבלה או מכסה, שם, מה שיש לכם, זה כל מה שאתם יכולים שיהיה לכם, ולא יותר מזה. מקומות בהם החלטתם "זה שלי, זה שלי, זה שלי, זה שלי. וזה כל מה שיכול להיות לי".

אבל אנחנו צריכים לנפץ את המנטליות הזו, ואתם יודעים למה. בסדנאות שלי, המשתתפים מוצאים שזה מגביל אותם. אחד מהם אמר בחכמה רבה 'אנחנו מגבילים את עצמנו בכך שאנחנו אומרים על משהו שהוא שלנו, ואז זה כל מה שיכול להיות שלנו, ולא עוד...'

זה נכון, זה כאילו שנגיד "אנחנו לא זזים, זה שלי, וזהו". אז, כל מה שהוא שלכם "וזהו", יש בו קצת עליונות, וכל דבר שיש בו קצת עליונות יכול להיראות קצת כמו דונלד טראמפ.

אני יודעת שזה נשמע סופר שיפוטי, אבל תהיו איתי רגע: לדונלד טראמפ היו מיליוני דולרים והוא איבד את כולם. מיליוני דולרים והוא איבד אותם. מיליוני דולרים והוא

איבד אותם. עכשיו, אני לא מצביעה לדונלד טראמפ, למרות מה שאני אגיד עכשיו, בסדר? פה אני עוצרת וחושבת, אוקיי, אני לא אוהבת אותו, אבל מה מה אני יכולה ללמוד ממנו?

ואני חושבת על העסק שלו. אני לא מכירה אותו, אבל אני חושבת לעצמי, ״מה אני יכולה ללמוד ממישהו שאני לא שואפת להיות כמוהו, לחקות שום דבר בו, או אפילו להסתכל עליו. מה אני יכולה ללמוד ממנו? יש בו משהו גאוני כשזה מגיע לכסף ועסקים״.

אני לא צריכה שיהיה לי כסף ולהיות ככה, אבל אני יכולה לקבל משהו מולקולרי או תאי שאני לא יודעת. הוא איכשהו יותר טוב ממני בכסף, ואני רוצה להיות יותר טובה ממה שאני, כדי שאני אוכל לשנות את העולם מתוך המציאות הכלכלית שלי.

המציאות הכלכלית של כל אחד יכולה ללמד אותנו משהו. אם יש לכם משהו ללמד אותי, אני ארשה את זה ואקבל את זה מכם.

ואם אתם לא אוהבים מישהו, תסתכלו על המקום בו אתם נכבים ומדחיקים. אתם יודעים כמה שיפוטים אתם מקבלים ומאפשרים דרך העליות והירידות בחשבון הבנק שלכם? השיפוטים שלכם אודות עצמכם יכולים לא לאפשר זרימה של כסף. דמיינו כמה כסף תקבלו אם לא תתנו להגבלות השיפוטיות להפריע לזרימת האנרגיה שהיא כסף. עם זאת, אנחנו כולנו מוצאים את עצמנו שופטים דברים באופן מגביל

כשאני שואלת משתתפים בסדנה שלי אילו שיפוטים הם מחזיקים אודות עצמם, הם מגיבים בתשובות שונות שאני חושבת שהרבה מאיתנו יכולים להתחבר אליהן.

"אני חושב שאני הכי נורא כלפי עצמי. אני נחמד לכולם, אבל לא לעצמי, ושם אני צריך להתחיל להיפתח"

"אני לא טובה מספיק"

"אני יכול להיות טוב יותר"

"אני מרגישה כמו כישלון"

"אני לא טובה מספיק. אני יכולה להיות טובה יותר אבל זה קשה לעשות את זה לפעמים."

בכך שהם חשבו וחלקו את השיפוטים האלו אודות עצמם, המשתתפים האלו חשפו שקרים שהם האמינו בהם, וזה נקרא שחרור סומאטי. אתם יכולים לעשות את זה בעצמכם ולגלות, ברגע, איך זה מוציא את ההמצאות והשקרים שלכם אודות עצמכם שלא מאפשרים לכם להשיג את מלוא הפוטנציאל שלכם, כולל הפוטנציאל הכלכלי שלכם.

בהסתכלות על חוויות העבר, אני יכולה להיזכר ברגע טרנספורמטיבי בסדנה במאווי בה הנחיתי משתתפים להכיר ביכולת הכישלון הנהדרת שלהם. מה שעשיתי, זה שאמרתי להם להגיד "אני הכי טובה בלהיכשל" במקום להגיד "אני כישלון". הקונטרסט הזה בין להצהיר "אני הכי טובה בלהיכשל מכל האנשים שאני

מכירה״ לתווית העצמית הזו של ״אני כישלון״ מדגיש את הנטייה להשתמש בכישלון כמגן כדי להישאר נחבאים אל הכלים. זה הבהיר שהבחירה להזדהות ככישלון שירתה את המטרה של להישאר קטנים ולהימנע מלהיראות.

המשתתפים הודו שהם הקטינו את הטוב שבחייהם, מפחד שאחרים יקנאו. התובנה הזו חשפה שבכך שהם החביאו את הרגשות האמיתיים שלהם ואת ההישגים שלהם, הם הנציחו את השקר, ועיכבו לא רק את הביטוי האותנטי שלהם, אלא גם הגבילו את זרימת השפע לחייהם.

אבל לפני שתתנו לאחרים להשתלט על החיים שלכם מתוך הקנאה, השיפוטיות והביקורתיות שלהם, או פשוט בכך שאתם לא בטוחים בעצמכם, תעצרו ותחשבו קודם על הכוח **שאתם** מחזיקים. מה יקרה אם מה שתגידו ייתן לאחרים השראה לבחור אחרת? מה אם זה שתחיו במלוא עוצמתכם יהווה השראה למישהו לבחור אחרת? כמה כסף עוד תרוויחו, וכמה עוד כסף תוכלו לתת בזמן שתפיצו שפע ברחבי העולם?

אתם האנשים שיכולים לשנות את העולם.

אתם האנשים שהכסף צריך להיות בידיים שלהם כי בזכות המודעות שלכם, אתם תשנו את המציאות על גבי כדור הארץ. השינוי של מעלה אחת שאתם עושים עכשיו, שהוא לקחת צעד הצידה מכל ההמצאות

והשקרים ולכיוון האמת והיכולת להיפתח לקלילות, לכיף ולחופש, ישנה את המציאות הכלכלית שלכם.

כמו שאבא שלי אמר, "תהיי הבוסית של עצמך. זה לא עולם של גברים, זה גם עולם של נשים. תעשי רק מה שאת אוהבת. אם את עובדת עבור מישהו אחר, תאהבי את זה. את רוצה להיות הבוסית של עצמך? אז תהיי הבוסית של עצמך".

אז, מה הדבר שאתם יכולים לבחור לעשות כרגע, שמעולם לא החלטתם לבחור בו? במה תבחרו לעשות מחוץ לאיזור הנוחות שלכם?

לפני שהייתה לי קליניקה, לא היה לי אפילו לא לקוח אחד. היה לי משרד, אז הייתי הולכת למשרד ומכניסה פגישות ליומן שלי. לא היו אנשים, והייתי כותבת פשוט "לקוחות מדהימים" בפגישות של 60 עד 90 דקות. הייתי יושבת במשרד שלי את הזמן הזה, ולוקחת הפסקה אחרי 60 עד 90 דקות, ואז חוזרת למשרד. יצרתי לי כרטיסי ביקור, פלאיירים, חבילת גרפיקה, או שעשיתי שיחת טלפון לאנשים לספר להם מה אני עושה.

לפעמים הייתי הולכת לחנות ספרים, מפרסמת טיפול קבוצתי, לוקחת עוד קורס, או הולכת לעשות הכשרה נוספת. וכל פעם שמישהו התקשר אליי, הייתי רושמת את השם שלו באותה רובריקה, שתהיה שעת הטיפול שלו.

פשוט המשכתי כי בחרתי לא לקנות את השקרים שאם אני אשווק את עצמי, מישהו ירגיש רע. במקום זה, קניתי

את האמת שאם אני אשווק את עצמי, מישהו אחר ישווק את עצמו. משהו בזה יעורר בהם השראה לשתף פעולה איתי.

זה להתגבר על השקר.

כדי להתגבר על השקר, צריך לפעול. חייבים לעשות את זה.

3

___

מה כסף רוצה?

אני עובדת עם הרבה אנשים שסוחרים בבורסה. לפעמים, הם נתקעים ועושים את אותן העסקאות. הם לא רוצים לנטוש אותם, או שהם מפסידים. הם חושבים שזה כישלון במקום תנועה. כשהאמת היא, שאם זה לא עובד והופך להיות כבד ודחוס, אתם חייבים לזוז. לצמצם הפסדים ולזוז. הם יבינו את זה, ואתם תשיגו את זה ברגע הבא, במקום אחר, אבל זה לא יופיע במקום בו אתם מצפים לזה. אז, אתם לא יכולים להשתמש בראש שלכם.

כשהראש שלכם מסונכרן על הגוף, מרגישים חופשיים יותר. בחיי האישיים ובעסקים, אני מתעדפת האזנה. אני שמה לב לתחושות של קלילות, כי זה מסמן לי את הדרך הנכונה עבורי. אם משהו מרגיש דחוס, כבד או מסובך יתר על המידה, ואם אני מוצאת את עצמי נתקלת שוב ושוב במכשולים, אני לא מתעקשת להתגבר

29

עליהם. במקום זאת, אני מזהה את הצורך להעריך מחדש את האפשרויות שלי ולחקור מסלולים אלטרנטיביים. אני לא הולכת ראש בקיר.

אני אומרת, אהה, אני צריכה לשאול עוד שאלות. אני צריכה ללכת למקום אחר". ואז אני שואלת, "מי או מה יכול לעשות את זה קל יותר, באופן מיידי? לאן אני צריכה ללכת? עם מי אני צריכה לדבר? מי יכול לעזור לי? איזה עוד מידע דרוש לי? למי יש את המידע הזה?"

אני לא יודעת איך זה קורה, אבל תמיד אני מוצאת את הפיתרון, איכשהו. אני מקבלת איזה מייל או אסמס. אני רואה משהו במחשב. אני קוראת משהו בדואר, או שאני מדברת עם חברה והיא אומרת "היי, אני מכירה מישהו שמחפש את זה", וזה בדיוק מה שאני צריכה. ככה מצאתי את הקבלנים לעסק שלי.

אז פעם הבאה, במקום לשאול אם אני צריכה ללכת לשם או לשם, פשוט צאו לעולם ותשאלו יותר שאלות. אתם פשוט צריכים עוד מידע.

תזכרו, העסק שלכם הוא יישות בפני עצמה. תתייחסו אליו כמו שאתם מתייחסים לאדם אחר. לעסק שלכם יש מטרה ומטרות, ואתם חייבים לתקשר איתן. לעסק שלי קוראים לחיות מתוך השאגה שלך. יש לו מטרה. יש לי יעד. אני הקשבתי לו, ולכל מקום בו אני מגיעה עם העסק שלי, אני תמיד שואלת אותו שאלות.

אז, אתם צריכים עוד מידע, כבר כאן ועכשיו. תשאלו את עצמכם שאלות כמו:

. . .

?איזה עוד מידע אני יכולה להוסיף לעצמי

?למי יש את המידע הזה

?איפה אני יכולה להשיג את המידע הזה

?מה אני יכולה לעשות

:תשאלו את העסק שלכם

?איפה תרצה להיות היום

?מה המטרה שלך

?מה דורש את תשומת הלב שלי

?איפה אני יכולה לעזור לך להכניס יותר כסף

?מה אני צריכה ליצור כדי לעזור לך לעשות את זה

?את מי אני צריכה לשכור

?עם מי עוד אני צריכה לדבר

?לאן אני צריכה ללכת

?כמה כסף אני צריכה

. . .

ליצור קשר עמוק עם העסק שלכם ולהכיר אחד את השני. לזה אני קוראת חיות רדיקלית.

יש ארבעה יסודות לחיות רדיקלית: לבחור בעצמכם, להתחייב לעצמכם, לשתף פעולה עם היקום שפועל כדי לברך אתכם, וליצור את החיים שלכם מתוך זה.

אלו ארבעת העקרונות שלכם, ואלו ארבעת העקרונות של העסק שלכם. לבחור בעצמכם, להתחייב לעצמכם, לשתף פעולה עם היקום שפועל כדי לברך אתכם ואז ליצור ולהמשיך הלאה ביחד.

יש לי תכנית רדיו שנקראת מעבר להתעללות, מעבר לטיפול, מעבר להכל, נכון? אנחנו משדרים כבר שנתיים וחצי. ב-13 השבועות הראשונים, היינו בשלושת המקומות הראשונים מתוך עשר התוכניות המצליחות ביותר בערוץ ההעצמה, ונשארנו בחמשת המקומות הראשונים מאז שהתוכנית התחילה.

הקשבתי לעסק הזה בכל יום ביומו. הבוקר, קמתי, עשיתי תוכנית רדיו חיה, והקשבתי לעסק.

כל שבוע, אני צריכה ליצור תוכנית חיה: חדשה, מקורית, תוכן, תיאור תכנית, ציטוטים לסושיאל, ונושאים. אני מקשיבה ואומרת, "אוקיי, כדור הארץ, יקום, עולם, 205,000 מאזינים, מה אתם רוצים לשמוע?"

בום.

אני לא מתקפלת לתוך הראש שלי ואומרת, "מה אני

צריכה לעשות בשביל קול אמריקה?", אני שואלת, "איזו אנרגיה קוראת לי לדבר עליה?"

מה העסק מבקש מכם? תרתי משמע, יכול להיות שזה משהו שרץ לכם בראש - להתחבר עם מה שנמצא מחוץ לכם.

העסק שלכם הוא אנרגיה ויישות בפני עצמה.

תנו לו להמריא. תנו לו לשאוג. תפסיקו לדאוג מתוצאות ותתחילו לחשוב על האפשרויות. יהיה לכם קל יותר למשוך ולממש את האנשים, המקומות, הסיטואציות והאירועים שיהדהדו אתכם וישתפו פעולה איתכם.

באופן מעניין, יש זמנים שבהם, בגלל השקרים של הכסף, הסביבה שלנו פועלת נגד המטרות שלנו. היא מתחילה להגביל אותנו. בסדנה שלי, אחד המשתתפים התמודד עם אותה הדילמה. אז, כשדיברתי על לתת לעסק שלנו ולכסף שלנו להמריא, היא שאלה אותי שאלה שתיארה את הסיטואציה שלה.

זה מה שהיא אמרה: *"זה הגיוני כשאת מדברת על האם הכסף אוהב אותך. יש לי תמונה בראש שזו מערכת יחסים ואני מגיעה כולי סקסית עם בושם שעולה 300$. אבל אז כשאנחנו יושבים ומדברים, זה כאילו, 'אהה, את עדיין עושה את זה? אמא שלך עדיין מתנהגת ככה? את עדיין מעשנת סיגריות?"*

כששמעתי על החיזיון שלה, שאלתי אותה אם היא

והתמונה בראש שלה שופטות אחת את השנייה. אז,
אתן שופטות אחת את השנייה? והיא אמרה בתגובה:

"אני לא יודעת אם היא שופטת אותי, אבל זה כאילו,
'אני אוהבת אותך, אבל אני לא אוהב אותך אם את עדיין
עושה את זה. זה כאילו אני אוהבת אותך, אבל את
צריכה להיות ככה וככה'".

זה היה לי ברור שהאהבה שלה סבוכה בציפיות
והתניות. זו הייתה אהבה מותנית, אהבה שבחיים לא
נתפשר עליה בבן או בת זוג, אבל אנחנו בסדר איתה
כשזה מגיע לכסף.

שם החלטתי לחקור את הרגשות של המשתתפת הזו
ביחס לשליטה, עליונות וחוסר הרצון לקבל אושר. היא
הכחישה שהיא אדם שתלטן וטענה שהיא חופשיה
בהיבטים אחרים בחייה. אז, שאלתי אותה שאלה
חשובה אחרת: "מה את אוהבת בתנאים?" ואז דברים
התחילו להיחשף. היא אמרה שזה 'עניין של עליונות'
בשבילה.

מערכת היחסים המותנית הזו שיש לה עם כסף
הגבילה את האושר שלה, והיא עדיין סיפרה לעצמה את
השקר הזה שזה מה שהופך אותה לעליונה על אחרים.
והיא הגבילה את האושר של עצמה מאז שהיא הייתה
בת שבע.

אבל ברגע שהיא חשפה את השקר, ברגע שהיא אמרה
את זה לעצמה ועשתה תרגיל נשימה, היא יכלה ליצור
את השינוי פיזיולוגי ופסיכולוגי של מעלה אחת שהיא

הייתה צריכה. כשהיא הבינה שהיא הרחיקה מעצמה אושר מאז שהיא בת שבע, היא התחילה לנוע לכיוון של שינוי.

ככה השקרים שלנו על כסף מנציחים את עצמם, מובילים לקונפליקטים פנימיים ולמחסור בשפע. וכל מה שאנחנו צריכים זה לעשות שינוי של מעלה אחת.

4

כוח השיפוטיות

כבני אדם, אנחנו יצורים אמיצים, אבל כסף הוא לא בהכרח נושא שכיף לאנשים לדון בו. עכשיו כשחלקתי איתכם כמה מהשקרים של הכסף, אני הולכת להפעיל אתכם קצת, ובנקודה מסוימת, אתם אולי תצחקו ותעלו על הסיבה שבאמת הביאה אתכם לקרוא את הספר הזה. להיות סקרנים כלפי כסף.

אחרי יותר מעשרים שנים של עבודה במקצוע נפשי, הנחיית קבוצות מקומיות, ארציות ובינלאומיות, מה שלמדתי הוא שיש שלוש סיבות שבגינן אנשים מתחילים לעשות עבודה אישית וטרנספורמטיבית:

1. בריאות - קורה משבר.

2. מערכות יחסים - פרידה, פירוד או גירושים.

3. כסף - קשיים במערכת היחסים או בסגירת החודש.

. . .

אחרי כמה זמן, התחלתי להיות מאוד טובה בעבודה עם אנשים על מערכות היחסים והבריאות שלהם, וגם עם עצמי. אבל כל העניין הכלכלי תמיד כירסם בי, בלקוחות שלי, ובעולם. החלטתי להתמקד בזה כדי לראות מה עוד אני יכולה לעשות לגבי הנושא הזה שאנשים עושים סדנאות וכותבים ספרים עליו.

זה היה אתגר לאנשי המיתוג שלי. אם אתם לא יודעים מה הם אנשי מיתוג, הם אומרים לכם בעיקר איפה הנישה שלכם ואז מכניסים אותה לקופסה - ואתם אמורים להישאר בקופסה הזאת ולא לצאת ממנה.

עבור אלו מכם שרק עכשיו מתחילים להכיר אותי, זה כמו הציטוט הזה מריקוד מושחת "אף אחד לא דוחף את בייבי לפינה". אי אפשר לשים אותי בקופסה. אין קופסה אחת שתכיל אותי.

כשהתחלתי להתפרש לנושאי הכסף, עשיתי סדנאות, שיחות וידאו, את תוכנית הרדיו שלי בקול אמריקה לצד עם אנשים. VIP טיפולים אישיים, פגישות אימון ופגישות אבל באותו הזמן, לפני כמה שנים, אבא שלי נפטר, ונתקלתי בקשיים כלכליים בנוסף לאוסף הבעיות הקיים שלי.

הבנתי את העיוורון שלי מול הכסף, והרגשתי משוגעת. הנה אני, מנסה להבין איך לעזור לאנשים אחרים לתקן

את מערכת היחסים שלהם עם כסף, בעודי עדיין עיוורת לצרות הכלכליות שלי עצמי.

אז, התחלתי להסתכל על ההחלטות שקיבלתי בנוגע לכסף, מהו כסף עבורי - איך הפכתי אותו לכל כך משמעותי, איך הוא הפך להיות האלוהים שלי, איך הוא האופן בו אני תופסת אהבה ואיך זה שיש לי כסף משפיע על הערך העצמי שלי. לא הרגשתי טוב עם עצמי אם לא היה לי כסף.

ואז התחלתי לשאול את עצמי, "מה קיים מעבר לזה?"

מה זה בכלל הכסף הזה שלכולם יש איזושהי בעיה איתו? הוא מנהל את העניינים.

היו לי תקופות שהיה לי הרבה כסף, והיו לי תקופות שלא היה לי כסף. ויש לי קהילה גדולה סביבי של אנשים עם הרבה כסף - ויש להם את אותה כמות הבעיות עם כסף כמו לאנשים שאין להם כסף.

זה לא משנה אם אין לכם כלום, אם אתם מיליארדרים, מיליונרים או מולטימיליונרים. עדיין יש בעיות עם הדבר הזה שקוראים לו כסף - אף אחד לא מצליח לברוח מזה.

ואז, כשאבא שלי נפטר, התחלתי לחשוב, "מה זה? מה המשמעות של הדבר הזה שכולם בוחרים לא להנות ממנו?"

וגם כשאנשים נהנים ממנו, הם תמיד מפחדים מכל מיני דברים, "מה אם אני אאבד אותו? מה אם לא יהיה לי אותו?"

יש כל מיני תופעות - למשל, ׳סעדה או רעב׳, ׳לעבוד קשה/מנטליות של עבד׳ או ׳תעבדו קשה, זה לא יכול להיות קל׳, או ׳אני כמו איזה איכר פשוט ותמיד מישהו יהיה הבעלים שלי׳ ו-׳אני חייב לעבוד עבור מישהו כי אני לא מסוגל להיות עצמאי כי, אם אני אהיה עצמאי, איך אני אוכל להסתדר בעצמי או לתת למישהו לסדר דברים עבורי?׳

כל אלו מתקבצים לכדי מציאות שחדרה גם אליי.

כשאבא שלי נפטר, תרתי משמע איבדתי את הגישה להכל. הייתי מנותקת לגמרי מעצמי, ולא נשאר לי כלום. אני יודעת שאתם בטח תוהים למה בכלל היתה לי גישה לחשבונות בנק של אבא שלי. בקרוב אסביר הכל.

אז, אני זוכרת שעמדתי בתחנת דלק, הכנסתי את הכרטיס למשאבה כמו שתמיד עשיתי. מעולם לא הייתי צריכה לחשוב על זה פעמיים. זה לא שמעולם לא היו לי בעיות או מחסורים בכסף במהלך חיי, אבל לא היתה לי שום בעיה עם הפעולה הזו בעבר.

חשבתי לעצמי, ״איך אני הולכת לשלם על זה? איך אני הולכת לחיות?״

מעולם לא הייתי צריכה לחשוב על זה כי תמיד היה לי את אבא שלי. הוא הקל עליי והוא היה מישהו שתמיד אמר, ״איך זה ירגיש?״ ומעולם לא חשבתי שזה יגיע, וזו תמיד היתה מעין בדיחה שלנו: ״אוקיי, אני ארד למרתף, אני אוציא את המדפסת כסף וזה יופיע לך

בחשבון הבנק". הוא היה הכספומט שלי, האשראי שלי, בהמון מובנים - בלי קוד, בלי סיסמאות, פשוט תבקשי ותקבלי.

זה היה הדבר הכי קל בעולם, אבל זה היה ממישהו אחר. אתם מבינים את זה, נכון? לא היה לי שום קשר לזה, זה היה חיצוני לי.

ואז כשהוא נפטר, עמדתי שם ככה בתחנת הדלק, וחשבתי "אין לי מושג איך זה מרגיש שיהיה לי כסף משלי, מה זה באמת אומר לחסוך, או לתכנן את עתיד הכסף ברמה שאני יודעת באמת מה לעשות, כי הכל תמיד היה בתיווך של מישהו אחר".

האם הייתי קרובה לאבא שלי? האם גרנו קרוב אחד לשנייה? לא, הוא היה בקצה השני של המדינה. האמת היא, שבקושי נפגשנו או דיברנו בטלפון. זו הייתה מערכת היחסים בינינו, והמרחק היה גדול, אבל זה היה בסדר. זה מה שעשינו.

מגיל מאוד צעיר, הוא אמר לי, "ליסה, זה לא עולם רק של גברים. זה עולם של נשים. תהיי הבוסית של עצמך, תעשי רק מה שאת אוהבת ואל תתפשרי, תעשי את הכסף של עצמך, תהיי מאושרת".

אז עשיתי את זה, והוא הפך את זה לקל עבורי, למרות שזה לא אומר שלא עבדתי מהבוקר עד הערב. אהבתי ונהניתי ממה שעשיתי, מלעזור לאנשים

אז, במעבר זמן חד, המוות שלו הציב אותי מול זה
ש-"אהה, אני יכולה להוביל אנשים רק עד הנקודה
שאני הגעתי אליה". זו הייתה נקודה מתה במראות
הרכב שלי שמעולם לא ראיתי עד אותו היום. לא ידעתי
אפילו שהוא היה חולה, הוא נפטר כשהייתי מעבר לים
ולא נפרדתי ממנו חוץ מבשיחת טלפון קצרה, שהייתה
מושלמת. זה סיפור יפהפה.

הוא רצה שאהיה איפה שאני רוצה להיות, עושה את
מה שאני אוהבת, חיה את החיים שלי. לא הייתי צריכה
להיות שם. אולי זה נשמע כאילו אני מצדיקה את עצמי
למישהו, אבל בשבילי, זה מה שבאמת הייתי.

אם אתם יודעים משהו לגבי העבר שלי, כל שאר
הדברים שקרו בבית שלנו לא היו קלים, אז היה לי רק
מעט מאוד ערך עצמי. זה כאילו, "וואו, בהתחשב
בשניים וחצי עשורים של התעללות ואלימות שעברתי
בילדות שלי, החל מהתעללות מינית, דרך התעללות
כלכלית, פיזית, רגשית, פסיכולוגית ואנרגטית", הייתה
נקודה קטנה של אור - אב שלא ביקש סיסמה או קוד
בתור כספומט - טוב, נו...

הרגשתי שזה מגיע לי, אחרי כל מה שעברתי.

הייתי אסירת תודה לחוויות האלו כי הוא היה שם
בשבילי מההתחלה, ואז, כשהוא מת, הוא שם לי את זה
מול הפרצוף, "עכשיו כשאני לא פה, מה יש לך?"

ואז הבנתי את מי יש לי. ככה השתנה המצב
הכלכלי שלי.

.היה לי אותי

הכל נלקח ממני. כל אגורה אחרונה וכל הכסף שהייתה לי גישה אליו בכל חיי דרך אבא שלי נלקח ממני ברגע שהוא מת. עמדתי שם, בלי שום גישה לשום מזומן, בלי גישה לחשבונות הבנק, כרטיסי האשראי, כלום. בתחנת הדלק באותו היום, ידעתי שאבא שלי נפטר, ושאין עוד אדם בעולם הזה שאני יכולה להישען עליו כלכלית.

האדם היחיד, הדבר היחיד שהיה לי הוא אני - ואני הייתי חייבת לעשות משהו שונה בתכלית. שם התמודדתי ישירות עם השקרים של הכסף - כל מה שהאמנתי בו, הפרסונה שפיתחתי סביבו, הביטחון שכביכול קיבלתי ממנו - הכל.

הוא היה קורא לי לי-לי. "בטח, לי-לי, אני ארד למרתף למדפסת כסף, אדפיס לך קצת כסף והוא יופיע לך בחשבון."

אף פעם לא ידעתי תוך כמה זמן הוא יופיע. זה יכל להיות שבועות, חודש, שלושה חודשים, או יום למחרת, אבל תמיד ראיתי את הכסף בחשבון. ככה זה תמיד היה איתו.

הייתי בהלם כשהסתכלתי אחורה וחשבתי "מה זה אומר לדאוג לעצמך כלכלית? מה זה אומר להיות באמת, באמת עצמאית ברשות עצמך ולעמוד על שלך בעולם הזה ולא להיות תלויה באף אחד, לא להשליך על אף אחד, לא לקחת מאף אחד, לא לשאוב מאף אחד, לא להתקרבן כדי להשיג כסף, לא להתגונן מפני

אוטוריטות, ואפילו לא ליישר קו עם הטרגדיה והטראומה והדרמה שבסיפור האישי שלך? כי, תאמינו לי, אם תרצו לשבת ולשמוע את הסיפור, יש לי מה לספר."

אני זוכרת שחשבתי, "וואו, זו הולכת להיות הפעם הראשונה שאני מגלמת את העצמאות הכלכלית שלי."

לרגע לא חשבתי שהמוות של אבא שלי ישאיר אותי בלי שום ברירה אלא לעמוד בכוחות עצמי - שזה יוביל אותי להיות אני, להבין איך זה מרגיש, איך זה מריח, ואיזה טעם יש לעמוד בכוחות עצמי ולהשאיר מאחורי את סיפור הקורבן שלי, את הטראומה שלי ואת הדרמה של הקטסטרופה שלי.

לרגע לא חשבתי שהעבר של התעללות מתקופת ילדותי, השניים וחצי עשורים של התעללות שעברתי וספגתי, יהיו נקודת האור שלי למצוא את הדרך שלי מחוץ לשקרים של הכסף ומעבר לכלוב ההרס והמוות והמחסור, לבזבז בלי שיש לי, ולקבל הרבה כסף כי תמיד היה לי הרבה כסף אבל מעולם לא הרשיתי לעצמי להחזיק בו.

כולם היו יותר חשובים ממני.

אנשים שהיו במערכות יחסים איתי הצליחו. תאמינו לי, הם עדיין מבקשים. לאחרונה, אמרתי 'לא' למישהו בפעם הראשונה מזה הרבה זמן. אמרתי, "לא, הרגע נתתי לך כסף. תחזיר לי את הכסף הזה בתשלומים, ואז

נדבר". זה הצד הניו-יורקי שלי שיוצא החוצה. אבל ככה
זה מרגיש לעמוד על שלך ולהגיד כן כשזה באמת כן, ולא
כשזה באמת לא.

5

ההתעלות של העצמי

המוות של אבא שלי הזניק את העסק שלי, את ההוויה שלי, את הגוף שלי ואת העבודה שאני עוד עומדת לעשות בעולם כדי להעיר אותו כלכלית, ולרגע לא חשבתי שזה הולך לשחרר אותי למציאות כלכלית עצמאית בפעם הראשונה בחיי.

מה שהתפתח הוא מה שאני קוראת לו הכלוב של ההתעללות, חיות רדיקלית, והגשר לחיים הנעימים והוויטאליים.

כלוב ההתעללות בנוי מארבעה עמודים: הכחשה, התגוננות, דיסוֹציאציה, והתנתקות.

בסיפור שסיפרתי לכם, אפשר לראות את ההכחשה שבה אני בעצם חיה מהכסף שאבא שלי נתן לי בנדיבותו? את ההתגוננות שלי מלעמוד בכוחות עצמי, את הדיסוציאציה שלא מאפשרת לי להחזיק בכסף של עצמי כמו שמגיע לי, וליצור אותו כי אני יכולה.

באותה תקופה, הייתי אדם שכיף לבלות איתו. הייתי שמה כמה מאות דולרים על השולחן, וכשהיה נגמר לי הכסף המזומן, הייתי שמה את האשראי על השולחן. החברים שלי ואני היינו מבלים זמנים נהדרים כל לילה חמישי, שישי, שבת וראשון. הרגשתי נדיבה, כמו אבא שלי.

הכל הוביל אותי לכלוב ההתעללות הזה סביב כסף, בו הייתי כל כך מוגבלת ויכולתי לעבוד קשה, להרוויח המון כסף - אבל אף פעם לא הצלחתי לשמור עליו.

הייתי מחזיקה בו לתקופה. אבל זה היה כמו התקפי בולמוס והקאה. הייתי מקבלת אותו, ואז הייתי כזה, "לה-לה-לה-לה-לה-לה-לה", ומיד אחרי "אוקיי, עכשיו אני צריכה לעשות את כל זה מההתחלה".

לסעוד או לרעוב.

הרווחתי כסף ולא הייתי תלויה לחלוטין באבא שלי, אבל לא היה לי שום גיבוי כשזה הגיע לכסף. לא היה לי את השכל לחסוך כסף או לשים אותו בצד.

במעבר לחיות הרדיקלית, התעוררתי באותה תחנת דלק. כשלא יכולתי לשלם על כלום, חשבתי לעצמי "אה, אני חייבת לבחור בשביל עצמי. אני חייבת להתחייב לעצמי ולמציאות הכלכלית שלי".

איפשהו לאורך הדרך, שמעתי "תבקשי, ותקבלי". אז, כמו שאני רואה את זה, היקום פועל כדי לברך אותי. זה אחד מארבעת היסודות: להתחייב לעצמי, לבחור עבור עצמי, היקום פועל כדי לברך אותי ורוצה לשתף פעולה איתי, ואז ליצור.

לזה אני קוראת חיות רדיקלית, ואפשר לצאת ולהמשיך מעבר לכלוב אל החיות הרדיקלית עם ארבעת יסודות הנינוחות - לקבל, לבחון, לגלם ולהתרחב.

לקבל את מה שמגיע, לבחון מתוך מקום של מודעות ואמת. זיכרו, אתם יכולים להרחיק לכת רק עד לאן שתרשו לעצמכם להגיע, ותוכלו לעזור למישהו להגיע רק עד לאותו מקום אליו כבר הגעתם. הם לא יוכלו להגיע מעבר לאן שאתם הצלחתם.

אני אסירת תודה לכל השקרים של הכסף שהגיעו מהמשפחה הענייה, הלא מחונכת, האלכוהולית, שחיה בברוקלין, של אבא שלי, ועל המתנות שהוא נתן לי בהולכו.

לא הייתי מודעת אליהם עד שהוא נפטר. הוא היה אומר, ״מעולם לא היה לי כלום, ולכם היה הכל, אני רוצה לראות אתכם משתמשים במה שיש לכם וחיים חיים מאושרים כל עוד אני חי״. וזה בדיוק מה שהוא עשה.

6

אמונה ומציאות

אתם יודעים שהאמונה שלכם יכולה ליצור את הגוף שלכם ואת הצורה שהגוף שלכם מגלם? והאם אתם יודעים שהאמונות שלכם יכולות ליצור את המציאות הכלכלית שלכם?

או שאולי אתם מרגישים תקועים, כמו מחשב שהמסך שלו לא עולה? בגדול, כשאנחנו מרגישים תקועים, מה שבאמת תקוע הוא אופן ההסתכלות שלנו על העולם. אולי אתם עוברים שינויים רוחביים או תזוזות רוחביות, אבל אתם אף פעם לא מצליחים לעבור את המגבלות האלו.

אתם משתפרים - אבל לא מתקדמים.

ולזה אני קוראת שורדים ומשגשגים, אבל לא חיים חיות רדיקלית אמיתית. אז, איך אפשר לצאת מזה?

אז אני שוב אזכיר, אנחנו מחפשים פה רק שינוי של מעלה אחת.

וכשאתם עוצרים לחשוב עכשיו ומנסים להבין את כל השיפוטיות, ההחלטות, המסקנות, החישובים, התצורות, ההפרדות, המלחמות, הטראומות, הדרמות והקטסטרופות בכל העולם כולו, שקיימים ברגע זה בהקשר של כסף, שינוי של מעלה אחת בכדור הארץ הזה היא היא עצומה. יש לה את היכולת לסובב את כל העולם על צירו.

אז, כמה מכם מאמינים שצריך לעבוד קשה כדי להרוויח כסף? כמה מכם מאמינים שאין שום שקר, שהכל אמת לאמיתה?

עכשיו, תחשבו על זה: כמה מכם מרגישים ומאמינים בגוף שלהם שאין שום הטעייה, שזו מציאות בלתי ניתנת להפרכה? בזמן שהראש שלכם אולי מקבל את זה שלהרוויח כסף לא בהכרח דורש עבודה מאומצת, הגוף שלכם לא בהכרח יסכים איתו.

אתם מאמינים שהרעיון של לעבוד קשה עבור הכסף שלכם זה דפוס מנטלי בלבד, ולא קשור לגוף שלכם? כשהראש והגוף שלכם מחזיקים באמונות מנוגדות, זה יוצר מציאות מנוגדת.

אני רוצה לשאול אתכם כמה שאלות. כשאני שואלת את השאלות האלה, שימו לב מה קורה לכם בגוף. אם אתם מרגישים קלילים, מתרחבים ואנרגיה קרירה - זה סימן שזו אמת

ומנגד לכך, אם אתם מרגישים דחיסות, מגבלה או תופסים את המחשבות שלכם בורחות למחשבות על התכניות שלכם לאחרי המפגש, ורצון לעזוב, אז יכול להיות שאתם חושפים את מה שאתם חושבים שהוא האמת אבל הוא, בעצם, הטעייה. מגבלה דחוסה מצביעה על קשר, כשהתרחבות ואנרגיה תוססת ואווירה קרירה מצביעה על אמת.

אז, בכנות מלאה, האם אתם מודים שאתם חיים במציאות מנוגדת כשזה מגיע לכסף? המציאות המנוגדת הזו היא השקר בו אתם דובקים, ולהתמיד בשקר מנציח את הקיום שלו.

כמה מכם חוויתם קונפליקטים הקשורים לכסף במערכות היחסים שלכם עם ההורים שלכם? זו בדיוק המציאות המנוגדת שאני מדברת עליה. הגוף שלכם דובק בשקרים שמעצבים את המציאות המנוגדת שלכם, מבסס את רטט המציאות שכובל אתכם ומייצר את הכלוב העצמי שלכם סביב כסף. המגבלה הזו, שלרוב מבלבלים אותה עם יצירה, היא הרס ואין לה שום קשר ללבחור עבור עצמכם, להתחייב לעצמכם או לשתף פעולה עם היקום שפועל לטובתכם.

עכשיו, תנסו לחשוב על זה: האם האמונה שלכם שכסף זורם בהתאם לכמה אתם טובים או רעים, או לפי רמת המאמץ שלכם, היא קלה או כבדה בתוככם? נסו להרגיש את השיח הפנימי, את הפקפוק, את ההכחשה, את מנגנוני ההגנה, הדיסאוציאציה והניתוק. נסו להבין

שאין מקום לבחירה בתוך המסגרת הזו, שיוצרת אשלייה של יקום ללא ברירה.

אבל, תנו לי להבטיח לכם, זה אף פעם לא מוגבל כמו שזה נראה. האמונות שלכם ונקודות המבט שלכם על חוסר ערך, על טוב, על רע, על עבודה קשה או מחסור בעבודה קשה, אינם מהותיים לכם. אתם צברתם את המגבלות האלו במציאות הזו, יצרתם אותם, והכרזתם, "זה מי שאני".

ברוכים הבאים למציאות הכלכלית שלכם. גם אני עשיתי את זה פעם.

7

___

מציאות כלכלית מתעללת

בשיא הכנות, אפילו בתוך ההתעללויות - האונסים שעברתי ואלו שחוויתי - שום דבר לא הפחיד אותי כמו אותו s בבנק. אין למי לפנות. כשמגיע רגע האמת, מי יהיה שם בשבילך? זה, ללא עוררין, מפחיד נורא.

אני מאמינה שזו המגיפה האמיתית של המציאות שלנו. השיפוטים שלנו ונקודות המבט שלנו מרכיבות את המציאויות הכלכליות, הפסיכולוגיות והרוחניות שאנחנו מאמצים לעצמו, והן מה שגורמות לנו לחלות, הופכות אותנו ללא מאושרים, ומובילות את בחירות מערכות היחסים שלנו - כולל אותי. זה כאילו שאנחנו ממשיכים לשפוך עוד ועוד דברים פנימה, מוסיפים עד בלי סוף, ולא מתקדמים כי אנחנו חייבים להירשם בשעון העבודה.

אז, מי המתעלל האמיתי - המציאות, או אנחנו?

57

הכל הוא התעללות ברמה כזו או אחרת, אלא אם אנחנו עושים את השינוי של מעלה אחת הזה ויוצאים מכל השקרים. אז, על אילו שקרים אני מדברת?

הראשון הוא שכסף הוא הוכחה שאתם צודקים או טועים. כמה מכם מאמינים שתהיו מאושרים אם רק יהיה לכם כסף? אתם בהחלט יכולים להאמין שתהיו מאושרים יותר אם יהיה לכם יותר כסף כי כסף נותן לכם יותר בחירות, לא?

אבל האמת היא, שזה ההפך. אחד השקרים של הכסף שאני מקווה להצליח להסביר לכם הוא שמה שאתם חושבים הוא לא מה שאתם מקרינים כלפי חוץ. שמה שאתם מרגישים ומגלמים כמו מחסן של אגרני פיצ'פקעסים - לו אתם קוראים יצירה - הוא מה שיוצר את המציאות הפיננסית והכלכלית שלכם, בניגוד מוחלט למה שאתם חושבים.

אני יודעת שכולכם נהדרים. אני יודעת שכולכם עשיתם המון עבודה על צמיחה אישית. ואני יודעת שאתם חכמים - כי אתם גרים כאן. אני מבינה את זה. גם אני גרתי כאן.

וכולנו החזקנו בשקרים כמו השקרים הבאים:

אני צריכה להוכיח שאני שווה משהו ושאני יכולה לעשות את זה עם כסף.

אפשר לאהוב אותי רק אם יהיה לי כסף.

יאהבו אותי רק אם אני נותן.

אף אחד אף פעם לא יאהב אותי בזכות מי שאני.

אני מעולם לא אוכל להרשות לעצמי להיות עצמאית כלכלית. אני תמיד אהיה תלויה במישהו אחר.

משפחה עם שתי משכורות טובה יותר ממשפחה עם משכורת אחת.

כל אלו שקרים שהגוף שלכם מגלם ומקרין על המציאות שלכם. בעוד שהשכל שלכם מסתכל על כל מה שאני אומרת ואומר לא, הגוף שלכם אומר כן. השכל שלכם אומר "לא", והגוף שלכם אומר "כן". השכל שלכם אומר "פעם חשבתי ככה", הגוף אומר "אני עדיין חושב ככה".

דרך אחת להבין האם אתם חיים במציאות מנוגדת היא לשאול כמה שאלות. דמיינו שהכסף שלכם מחליט לדבר אליכם, מה הוא יאמר לכם? פשוט תחשבו על זה. כשאני שאלתי את זה בסדנה שלי, אנשים ענו:

"אתה לא חושב שאני מספיק".

"מה לעזאזל".

"אין לך מה לדאוג ממני".

"אתה אף פעם לא נותן לי להיכנס".

"את צריכה לטפח אותי".

. . . .

אבל מהן התגובות הללו? לא אמורה להיות לנו מערכת יחסים טובה עם הכסף שלנו?

אבל אם אתם מקבלים תגובות דומות מהכסף שלכם, אז אתם יודעים שאתם עושים משהו לא נכון. אתם בני זוג לא טובים לכסף שלכם.

אז, כמה אתם טועים? קצת טועים, טועים בטירוף או טועים לחלוטין וללא עוררין ואף אחד לא ישכנע אותי אחרת?

כמה מכם מאמינים שאתם טועים, אבל רק ברמה מסוימת? בנוסף, כמה מהגופים שלכם מגלמים את תחושת הטעות שלכם, פשוט בזה שהשכל שלכם משוכנע בכך? זכרו, הגוף שלכם חכם ביותר, והוא מרכז עצבים של תפיסה, ידיעה, הוויה, קבלה ועוד המון יכולות שרק מעט מאיתנו באמת מחזיקים בהן.

תחשבו על הפרספקטיבה הזו בתור ה-'מעבר' - תובנה שמישהי ביטאה במילים, "אני אפילו לא אמורה להיות פה, זה כמה שאני לא בסדר". אבל מתחת לפני השטח, אנחנו עדיין מחפשים, לא הגענו עוד לליבה. היא משתהה במציאות המורדמת הישנונית שלנו, מכהה את חושינו, מנתקת אותנו מהמציאות וכולאת אותנו בכלוב - עמוק, עמוק בתוכנו. אבל, אם נוכל להגיע לנקודה הזו, אנחנו יכולים להוציא את זה החוצה.

אך זה דורש מאיתנו לבחור לחיות, לבחור לאמץ את המציאות הכלכלית שלנו, לא משנה מאיזה סיפור

הגענו. בלי קשר למוצא שלכם, לבריאות שלכם, לטראומות הטרגדיות שלכם או חוויות העבר שלכם, שום דבר לא יכול לקחת מכם את ההוויה הפנימית שלכם. אף שקר לא יכול לקחת את זה.

כשאנחנו נופלים לתוך ההטעיות האלו אודות עצמנו ובהתאם לכך לצורות החיים האלו, מצופות בתחושת ה-'לא בסדר' הזו, אנחנו לא נוכל שלא להשליך את זה על אחרים. זה כמו לראות את העולם דרך משקפיים בצבע שיפוטיות, רעיון אותו אני חוקרת בתכנית הרדיו שלי בקול אמריקה, "לראות דרך משקפיים בצבע התעללות".

איפה אתם שופטים את ההתנהלות הכלכלית שלכם, ובכך מנציחים מציאות כלכלית שלא קשורה למהות ההוויה שלכם? בין אם זה קשור לאבות אבותיכם, להוריכם, להיסטוריה האישית שלכם, לטעויות בילדות, אנחנו נוטים להיצמד לסיפורים האלו וליצוק את עצמנו בדמותם.

אני מאתגרת אתכם לשבור את המעגל הזה ולהפוך לאנשים שיכולים לצבור עושר. לכם, האנשים הנוכחים כאן, יש את הכוח לשנות את המציאות אם תרשו לעצמכם לעשות זאת - ואני מכלילה את עצמי בתוך האימרה הזו. פעם לא הצלחתי להרשות לעצמי להחזיק בכל מה שאני חווה עכשיו.

עם זאת, להחזיק בזה הפך לגילום הריפוי עבורי. קשה להסביר את זה, אבל להחזיק בכך - להיות אני, להיות

אתם, להתחייב לעצמכם, לשתף פעולה עם עצמכם,
לבחור עבור עצמכם וליצור מתוך המקום הזה - זו
האמת.

8

כסף יוצר, שיפוטיות הורסת

כשאבא שלי נכנס לתחום של נדל"ן ועיקולים בניו יורק, העבודה שלי הייתה לשבת איתו במרתף, שם היה המשרד שלו. היו לו 16 בנייני דירות שהוא רכש, יחידות רב-משפחתיות, והכל היה מלשפץ בתים במצב רע ולהשכיר אותם.

אספנו את שכר הדירה והיו לו ערימות של מזומן. השתמשנו במחשבונים של פעם ובעמודים הירוקים לפני שהיה לנו מחשב. הייתי יושבת שם ושמה את הכסף בפה שלי. הייתי מריחה אותו והוא הריח כמו כל מיני סוגי לכלוך, אבל אני כל כך אהבתי את זה.

ואז התחלתי לעבוד בבנק, וכל יום שישי כל עורכי הדין היו מגיעים עם ערימות וערימות של שטרות חדשים של $100, וזה למה אני כל כך אוהבת שטרות של $100. הייתי חושבת, "כן, בואו לעמדת פקיד שלי. אני רוצה לספור את שטרות ה-$100 שלכם."

התאהבתי בכסף, והיה לי רומן עם המציאות הכלכלית ששימחה אותי. אהבתי לספור כסף ואהבתי לסדר אותו. האמת היא שהייתי מסתכלת בארנקים של כל החברות שלי והייתי מודאת שהן מסדרות את הכסף שלהן: שטרות של דולר, חמש דולר, עשר דולר, עשרים דולר, חמישים דולר, מאה דולר.

אני מכירה אנשים שהחזיקו את השטרות מקופלים. לא סבלתי את זה. הייתי אומרת להם, "מה אתם עושים לכסף שלכם? תתייחסו אליו טוב יותר, תאהבו אותו, והוא יבוא אליכם".

אני מניחה, אבל זה היה משמעותי OCD, יש לי קצת עבורי. היה לכסף ריקוד מולקולרי קטן ושמח בשבילי. אהבתי לשבת בכספת של הבנק ואהבתי כשברינקס היו מגיעים. כל פעם שראיתי את הרכבים שלהם, חשבתי לעצמי, "כן! לאיזה בנק הם הולכים?" הייתי פשוט אובססיבית. אני לא יודעת מה אתם עשיתם בתור ילדים, אבל אני עקבתי אחרי כסף.

כסף מגיע למסיבות השמחה.

הוא לא מגיע למסיבות של דיכאון, מגבלות ואושר.

ותאמינו לי, כשחליתי במחלה סופנית לפני כמה שנים והאנדוקרינולוג אמר לי, "תהרגי את זה, תקחי תרופות כל חייך, או שאני אוציא לך את האיברים", אמרתי "חייבת להיות אפשרות טובה יותר".

"אין כזו".

זוכרים שסיפרתי לכם על הקופסה הזו - שאי אפשר להכניס אותי לקופסה? אל תגידו לי שאין ברירה, כי אני אלך ואמצא אחת.

ואז מצאתי את עצמי במכון שנקרא המכון לתטא הילינג®, וביליתי שם שלושה חודשים. תוך שלושה חודשים, היה לי תואר שני בתטא הילינג®, ותוך שלושה שבועות, כבר לא הייתי חולה.

הוא אמר לי שאין לו מה לעשות עבורי חוץ מלתת לי תרופות, ניתוח להסרת איברים, או כל דבר אחר שהוא אמר - ואני ריפאתי את הכל באופן אנרגטי.

השתמשתי בכל אגורה שהייתה לי כדי לרפא את עצמי הוליסטית. שחררתי מהבית שלי, שחררתי מהפנסיה שלי, שחררתי מהכל כי לא הייתה לי ברירה. ידעתי שאני אשיג את הכל בחזרה. עלה לי בערך מיליון דולר לרפא את עצמי באופן נטורופתי. לא לקחתי שום תרופה, ולא היה לי ביטוח. כאילו, היה לי ביטוח, שילמתי עליו במשך עשורים, אבל כשהגיע הרגע, שום דבר לא עזר לי לבחור בבחירה ההוליסטית.

למזלי, הייתה לי פוליסת נכות שדודה שלי פתחה לי, וככה יכולתי להגיע למכון לתטא הילינג® ולקבל תואר שני במדעי התטא הילינג®. אנשים בטח יגידו, "אלוהים, את צריכה לחסוך אם את בכאלה חובות". ואני חשבתי, "זה מה שירפא אותי, וזה כל מה שאני אעשה. אני הולכת להשתמש בכל הכסף רק לזה".

תשתמשו בכסף שלכם ליצור, לא להרוס. שיפוטיות הורסת.

חשבתי שאחרי המכון לתטא הילינג®, אני אסיים, אבל אז כמה שנים לאחר מכן נחתתי בבאלי, ולא ידעתי שאני אתקל בעוד מקרה של "אני חושבת שהחיים שלי עומדים להסתיים". נסעתי לבאלי להחלים עוד יותר.

הזנחתי הרבה דברים, אבל גם הרגשתי שדברים הזניחו אותי. כשנחתתי שם, הייתי במקום המדוכדך הזה שוב בגלל המון סיבות, לא רק כסף. "בשביל מה אני עושה את כל זה? מה המטרה של זה, וזה, וזה?"

והנה אני, שוכבת על הרצפה בבקתה של איזה הילר, ממש כמו בלאכול, להתפלל, לאהוב. היה שם מישהו מיוחד שהגיע במיוחד לטפל בי, והוא תרתי משמע הוציא ממני את כל השקרים שגילמתי בגוף שלי. הייתה לי תכנית רדיו בנושא בקול אמריקה שנקראה *רסיסי ההתעללות*. הוא משך אותם מתוך הגוף שלי ומתוך השכל שלי, "על מה את מדברת? אני לא רואה אנרגיה, אני לא רואה כלום ככה, על מה את מדברת?"

ואז הוא נתן לי את מה שהוא משך. זה היה רסיס.

זה לקח בערך שמונה שעות. זה היה כל מה שסחבתי איתי אודות העולם, ככה אני יודעת על כל השקרים האלה של הכסף. במשך שמונה השעות האלו, התקרבתי מאוד להילר הזה שהוציא לי דברים מהגוף.

ואז, סוף סוף, הרגשתי את זה. החוש הנפשי שלי נפתח עוד יותר ויכולתי לראות אנרגיות, יכולתי לראות מערכות אמונה. ראיתי את המילים ואת האנשים. ראיתי תמונות מהילדות שלי. ראיתי המון דברים. "לא פלא שאני רוצה למות, אני מבינה את זה. איזה מוות יכול להיות טוב יותר מאשר מוות בבאלי? זה קל".

אז, משהו אחר קרה, ובחרתי אחרת.

באותו הרגע, אמרתי "יש לי עוד הרבה חיים לחיות, כי כל מה שיוצא לי מהגוף הוא כולו שקרים. ואין שום מצב בעולם שאני אמות בגלל שקרים. אני רוצה לחיות ואני רוצה לחיות בגדול ואני הולכת לשאוג!"

וזה בדיוק מה שהחלטתי לעשות, שיניתי את השם של העסק שלי ל-*לחיות מתוך השאגה*® שלך - לחיות את המציאות האורגזמית הרדיקלית שלכם, במקום *המהפכה מעבר להתעללות או התנועה מעבר להתעללות*.

חשבתי לעצמי, "שרדתי את כל זה. ואם אני יכולה לשרוד רסיסים שיוצאים לי מהגוף ואיזה סבאל'ה עם סכין ששם לי אותו על החזה ואומר 'סליחה, סליחה, זה הולך לכאוב קצת, סליחה, סליחה, זה הולך לכאוב קצת, סליחה סליחה, זה הולך לכאוב קצת, אז'" - זה כאב, אבל השקרים האלו כבר לא מכאיבים לי יותר.

הדחיסות שאתם מרגישים בגוף, זה שקר, זה לא אתם

כמה שקרים אתם משליכים על התזרים הכספי שלכם?

כי זה מה שלמדתי בבאלי.

היו לי בעיות עם קבלה. הייתי מסרבת לקבל.

החרמתי את זה.

אתם צוחקים, אני יודעת, גם אני צחקתי.

הגעתי לנקודה בה סבלתי מספיק ומתתי מספיק, ואז בחרתי שיהיה לי הכל, לא משנה מה. לא משנה מה יכולתי להפסיד, לא משנה את מי יכולתי להפסיד, לא משנה אם היה לי לאן ללכת, לא משנה אם היה לי מה לעשות, הספרים הולכים לצאת לאור, והתכנית רדיו שלי תהיה ויראלית.

עכשיו יש לי 205,000 מאזינים, פעם היו 30,000. הספר הראשון עמד להתפרסם, ואז נעבוד על הספרים הבאים. ואז, ואז, ואז, ואז, ואז, ועוד - אפילו, נכון לאתמול, פיטרתי את כל הצוות שלי - 12 אנשים - נתתי להם 30 יום התראה והתחלתי מחדש.

כשאני אומרת שאני אשיג את זה, אני אשיג את זה.

כל הקופה או שום דבר, זה מה שקרה לי בבאלי.

חייתי את זה במידה מסוימת לפני כן, אבל כשנפתחות לכם העיניים ואתם רואים את כל השקרים ואתם בוחרים את הבחירה הזאת, ההשגחה העליונה שלכם זזה איתכם. אז מה עשיתי? בחרתי בעצמי, התחייבתי

לעצמי, שיתפתי פעולה עם היקום שפועל כדי לברך
אותי, ויצרתי.

אף אחד לא אחראי לכלום. שום שברון לב ושום אדם
שהייתי איתו היה קשור באיזשהו אופן למה שבחרתי.
אף בעיה, אף אונס, אף התעללות, אף קושי עם לקוח, אף
מצב חוקי, אף מצב משפחתי, אף אחד מכל אלה לא
השפיע.

לא היה אכפת לי את מי או את מה אני אאבד. לא הייתי
מוכנה יותר לאבד את עצמי. בחרתי בעצמי. ושום דבר
לא יהיה יותר אותו הדבר. לשום דבר לא תהיה יותר
השלכה, הפרדה, ציפיה, שנאה, דחייה או חרטה. הגוף
שלי לא הולך יותר לסבול, השכל שלי לא עומד ללכת
באותו המסלול יותר.

כל מה שבחרתי לאכול אחרי אותו הרגע היה שונה. כל
מה שבחרתי לשתות היה שונה. כל מה שהכנסתי לגוף
היה שונה. כל מי ששיתפתי אותו בסיפור שלי השתנה.
באמת, הכל השתנה.

יש אוכל מסויים שאני תמיד נופלת אליו חזרה ואני פשוט
מתה עליו: פיצה. בקליפורניה, אפשר להזמין פיצה ללא
גלוטן, אבל נורא קשה למצוא פיצה ללא גלוטן בטקסס.
יש Good Earth-ב גלוטן ללא פיצה למצוא אפשר אבל.
להם את הפיצה פטריות ללא גלוטן הכי טובה, אבל,
כשראיתי אותה כאן היום, הגוף שלי אמר לי - "ירוקים".

זה עוד מאותו התדר, וכשאתם כבר לא מקבלים ופועלים מתוך השקרים, הכל משתנה. ומה שאתם מזמנים, יוצרים, בונים ומייצרים משתנה ומתעדכן לפי התדר הזה.

9

קחו את השליטה

כמה מכם נמנעים מתזרים המזומנים שיכול להיות לכם בגלל שאתם מגוננים באופן שיפוטי על המציאות הזו? דמיינו לעצמכם כמה כסף יוכל להגיע אליכם אם רק תיפתחו לזה שכולם והכל ישפטו אתכם, אבל לא תתנו לזה להשפיע עליכם. הרעיון הוא שכשאתם אקטיבית מנסים להסיר מעליכם את השיפוטיות, אתם הופכים להיות מטרה לביקורתיות, וזה מעכב את זרימת הכסף לחייכם.

כל עוד אתם נשארים חולים ומדוכאים, אתם מטרה לשיפוטיות. כל עוד אתם בוחרים להישאר קורבנות, ולא בוחרים את המציאות שלכם, אתם נשארים מטרה לשיפוטיות. אם תפנו אצבע מאשימה על הצד השני, אתם מטרה לשיפוטיות.

כשמתחילים להפנות אצבע מאשימה, אתם יכולים לדעת שמיליונים כאלו עוד יחזרו אליכם ויהרגו אתכם.

לאחרונה, הייתה לי חוויה בכיתה בה אחד מהפלאיירים שלי היו על השולחן, וכשחזרתי בסוף ההפסקה, כל הפלאיירים על הסדנה שלי נעלמו, במכוון.

באותה תקופה, נפלתי לשקר שמשהו לא בסדר בי, שעשיתי משהו לא טוב שגרם למישהו לעשות את זה, שאני גרמתי לזה. ואז, כשיצאתי מהשקר הזה, חשבתי, "ווא, אני ממש ברת-שיפוט לאותו אדם, למציאות של האנשים האלו".

הבנתי שהשקר הכי גדול שחייתי בו הוא השקר שאני גרמתי לחלק מהדברים האלו.

לפעמים, אני חייבת להפנים שמה שאני יוצרת בעצם יוצר יותר עבור אחרים, ושזה לא לא-בסדר מצידי. זו יכולת שלמדתי להכיל. לא הייתי יכולה לדעת, אבל זה אף פעם לא מגיע באופן בו נצפה לזה.

והנה השאלה שאני אשאיר אתכם לחשוב עליה:

כל פעם שאתם נכנסים למגבלה כספית, לכלוב, תשאלו את עצמכם, "מה זה יוצר, או מה זה ייצור?"

תנו לעצמכם להבין את זה.

אם זה כבד, תשנו גישה מיידית. אם זה קל, לכו על זה ותבינו שלא משנה מה תבחרו, תמיד תהיה לכם אפשרות בחירה נוספת 10 שניות מאוחר יותר.

שום דבר לא עוצר בעדכם מלהחזיק בכסף שאתם רוצים
ולחיות את חיי החלומות שלכם.

לפעמים, אנשים רוחניים בוחרים לא להחזיק בכסף.
אבל אף אלוהים שאני שמעתי עליו היה רוצה שלאנשים
לא יהיה כל מה שהם רוצים, כי אנחנו האנשים, אתם
האנשים, ויש אנשים שמחכים לכם בעולם שבחוץ
ואפשר לשנות להם את החיים בכך שיהיה לנו כסף.

אתם יכולים לבזבז אותו בכל אופן תואם למודעות
שלכם כדי לשנות את המציאות הזו. אנשים צריכים
לשמוע את הקול שלכם לא משנה לאן תגיעו בחיים, לא
משנה מה תעשו, והמציאות הזו פועלת על כסף. זה
פשוט ככה.

אתם יכולים לבחור את נקודת המבט והמציאות שאתם
רוצים ליצור לפי איך שהמציאות הזו עובדת - ולא לחסל,
למות, להתרחק, לא להצטרף, או להמשיך לחיות בסבל.
מציאות חיים אורגזמית ורדיקלית הופכת להיות
השותף האורגזמי והרדיקלי שלכם.

צרו מציאות חיה עם כסף - נראה אתכם.

תהיו אתם, מעבר לכל דבר, וצרו קסם.

10

אנרגיית הכסף

אחת הדרכים האהובות עליי לדבר אשליות היא בהחדרת צחוק לשיחה. אני מטיילת בכל העולם ועוזרת לאנשים לשחרר מהטארומה שלהם וליצור אחרי התעללות. כדי לעשות את זה נדרשת קלילות ותחושה של כיף, כי בלעדיה, התהליך הזה יכול להיות תרופה מרה מדי.

לפתיחת פרק זה, אני רוצה לבקש מכם להיות פתוחים לאחוז אחד נוסף של תזרים מזומנים. עכשיו, תחשבו על זה: מה העלות האישית של הבחירה הזו? (שקי הקאה זמינים לשימושכם בחדר האחורי).

באופן אישי, לאחרונה הייתי צריכה להתמודד עם החלטה משמעותית לגבי העסק שלי והמחשבה על לשכור את שירותיה של פירמת שיווק חדשה. זה הצטמצם לכדי לבחור לא לעשות את זה, לעומת לבחור במה שאני באמת רוצה לעשות. לבחור

באופציה השנייה משמעותה היה לפטר מספר אנשים בעסק, אבל היה לי קשה לבחור בבחירה הזו כי אהבתי את האנשים האלו והשקעתי הרבה בעבודה שלהם.

קחו לעצמכם רגע להסתכל במראה ולחשוב: איפה מצאתם את עצמכם בסיטואציה דומה?

הרבה פעמים, זה מצטמצם למחסור בכסף או מזומן. ואז מתחילות להיערם ההצדקות: "אני לא טובה מספיק. זה לא מגיע לי. אני יכולה לפגוע במישהו". אנחנו בונים את הנרטיבים האלה, את השקרים האלה.

אבל מה אם אם נבחר באפשרות שתוביל אותנו לכל מה שאנחנו רוצים, זו שמרגישה קלילה ונכונה יותר, לעומת השקר, שהוא כבד ודחוס יותר?

למה, במציאות הזו, אנחנו נמשכים אל השקרים, הדחיסות והכבדות? אנחנו יוצרים את ההטעיות האלו ומחיים אותם, ואז לא מבינים למה אנחנו מרגישים לפעמים צורך לבודד את עצמנו או להישען על השנאה שלנו כלפי אחרים.

בנימה אישית, כתבתי את המסה שלי על הרעיון שנקרא "טביעת נשמה". טביעת הנשמה שלנו דומה לטביעת אצבע - סימן ייחודי שיש לכל אחד מאתנו. לכל אחד מאיתנו יש תמצית מובהקת ואנחנו כאן כדי להטביע אותה על מארג המציאות.

מה שאתם עושים הוא התרומה הייחודית לכם. בין אם אתם עורכי דין, אחיות, מנחי קבוצות, מדקרים, אמנים אודיו-ויזואלים, מסאז'יסטים, הורים, סוחרי מניות, מורים או שוטרים - זו הטביעה שלכם. לכל אחד מכם יש משהו ייחודי שמגיע אליכם באופן חסר מאמץ, משהו שאתם אוהבים. עם זאת, ממגוון סיבות, יכול להיות שאתם תניחו את זה בצד ותלכו בדרך אחרת.

כשאתם מאמצים את טביעת הנשמה שלכם ונותנים לעצמכם לגלם אותה באופן מלא, אתם פותחים את הדלת לקלילות, כסף, אושר, סיפוק, בריאות, עושר, וחיים מלאים בכיף ובאפשרויות. לקיחת הצעד אל העצמי האותנטי שלכם פותח את האפשרות לפתוח לעצמכם קיום שופע ומספק יותר.

בואו נתחיל לדבר על קבלה, ובאופן יותר ספציפי, אנרגיית הכסף. ברקע שלי, יש את הילדות המתעללת והאלימה שחוויתי, בה נזרקתי לעולמות דוגמנות פורנוגרפית בגיל צעיר. החוויה הזו גרמה לי להבין מה היא התעללות כלכלית ואת התסכול של לעבוד קשה בלי לקצור את הפירות. אני מבינה איך זה מרגיש לאגור שנאה כלפי כסף, לא לסמוך על אנשים סביבי, כולל חברי המשפחה שלי, המוסדות והאירגונים. לעמוד, להתלבש, להצטלם לחייך - ולא לקבל את הגמול, אלא משהו אחר לחלוטין, משהו אפל שהוסתר מאחורי הקלעים.

. . .

עכשיו, תחשבו על השאלה הבאה: מי אתם ביחס לכסף או למזומן שלכם?

מה שאני גיליתי אודות השקרים של הכסף שאנחנו מספרים לעצמנו היא שהם מתמקדים סביב שני שקרים מרכזיים: *מי אני עם כסף, ומה אני עם כסף*. האנרגיה שאנחנו מקרינים משחקת פה תפקיד משמעותי, ובתוך האנרגיה הזו, אנחנו יוצרים מציאות מסוימת. עלינו להבין את ה-'מי' ואת ה-'מה'.

תחשבו על זה: אם אתם ה-'מי' או ה-'מה', מה אתם לא? אתם לא עצמכם. עם זאת, יכול להיות שאתם שגיתם בהחלטה שהתווית הזו היא האמת.

אנרגיית ההווה ברגע הזה היא ייצוג של השקרים שאנחנו מגלמים. אני מתכוונת לשקרים, המודעים והלא מודעים, הנראים והלא נראים. חלקכם אולי לא לגמרי מודעים ל-'מה' ול-'מי', ובהתחלה יתסכל אתכם לגלות על מי אתם נסמכים כדי ליצור את תזרים המזומנים שלכם, ואז תגיע הכרת התודה העמוקה.

11

מי, מה ושיפוטיות

עכשיו, בואו נחקור את השקר השלישי: השיפוטיות שאתם מסרבים לקבל מעכבת את השגשוג הכלכלי שלכם. יכול להיות שתתפתו לבטל את העניין המציף הזה, ותצללו אל ה-'מי', 'מה' ושיפוטיות. אבל, אם אני אעטוף את שקר הכסף, הוא יורכב מ-'מי', 'מה' ושיפוטיות.

הערך העצמי שלכם לא קשור לשווי שלכם.

בסדנאות שלי אני שוב ושוב מוצאת שיש לנו בהחלט את היכולת להבחין בשקרים בהם אנו בוחרים להאמין ואותם אנחנו ממשים. וצריך להוריד את הכיסוי מעל השקרים האלו, אם תרצו, כדי להוריד את הכיסוי מהכל, כדי שתוכלו לראות את האמת.

יש כל כך הרבה שקרים שאנשים לא מוכנים לאבד כדי שהם יוכלו לבחור. אתם יודעים את זה, אבל אני אגיד את זה בכל זאת.

האירוניה היא שבתור יצורים אינסופיים, כסף ומזומן מספקים לנו חופש, בחירה, ואפשרויות. אז למה, למרות המודעות הזו, אנחנו תמיד כופים על עצמנו לחץ, תחרותיות ותחושה של 'אני לא מספיקה', כופים על עצמנו לבחור בין לשלם על דברים הכרחיים, לצאת לחופשות או לצאת לפנסיה? אין בזה המון הגיון, אם נחשוב על זה.

עכשיו, בואו נחקור את השקרים האלו: מי אתם עם כסף? מה אתם עם כסף? אנחנו נטפל בשיפוטיות באופן נפרד, מאוחר יותר. תבינו שהמציאות הכלכלית שלכם מעוצבת לפי ה-'מי' וה-'מה', והשיפוטיות שאתם מסרבים להכיר בה. האם אתם פתוחים לשינוי של מעלה אחת בלבד?

מעלה אחת בלבד.

בואו נתחיל עם ה-'מי'. בואו נסיר מכם את השקרים.

לא ידעתם שאתם בדרך לקליניקת הרזייה, נכון? במקום להכניס לבטן, אנחנו הולכים להוציא מהבטן.

אני אמצא בדיחות יותר טובות. אבל לפני זה, אני אנפנף על עצמי עם שטרות המאה דולר שלי. בואו נצחק יחד מדיסוציאציית תזרים המזומנים שאנחנו יצרנו.

למשל, ניקח את אבא שלי. הוא היה לוקח ערימת שטרות של $100, בערך 20 כאלה, והוא היה מניח אותם ליד הדלת בשביל אמא שלי. הוא היה עושה את זה כל יום שני לפני שהוא יצא מהבית.

כשהייתי קטנה, חשבתי "ואו, מדהים!"

ולעומתי, אמא שלי... תופים בבקשה... הייתה כועסת עליו, כל כך כועסת עליו. זה היה נראה לי נחמד - 2,000$. הוא היה משאיר את זה שם רק כדי שהוא יוכל לברוח משם הכי מהר שהוא יכול, ולהאכיל אותה בכסף. היא הייתה לוקחת את הכסף הזה, והיא הייתה מכריחה אותנו לקנות דברים. האם אי פעם ביקשנו את הדברים האלה? האם אי פעם רצינו אותם?

אני לא, כי מה אני אעשה עם 8 או 10 בובות טרול מפחידות? היו להם מסמכי אימוץ או משהו כזה. זה היה הטירוף של שנות ה-80 המוקדמות. ואז, היא הייתה תוקעת אותם במדף הכי גבוה בחדר שלי, והייתי נכנסת לחדר שלי, "אמאל'ה! מה זה?" כי היינו צריכים.

ואז, נעליים ובגדים לי ולאחים שלי - ממש הכל - ואז זה היה נעלם. היינו בכל מיני פעילויות. שוב, מעולם לא ביקשנו אותם, הכריחו אותנו.

הייתי מעודדת. שנאתי את זה. אני עדיין זוכרת את השיר שלנו. "ה-צ-ל-ח-ה. ככה מאייתים הצלחה". לא משנה איזו קבוצה עודדנו. שנאתי כל דקה של זה, ממש כמו ששנאתי לעמוד ולדגמן.

עבורי, לכסף היו הרבה משמעויות. זה היה התעללות. זה היה שנאה. זה היה לצאת. זה היה לברוח. "לכו תזד**נו". זה היה "אני עוד אתפוס אותך". ככל שהיא בזבזה יותר מהכסף הזה, ככל שהוא נתן יותר מהכסף הזה, היא הייתה צריכה שהוא ייצא לעבוד יותר

בשבילו. וככל שהוא עזב יותר ויצא לעבוד בשבילו - טוב, מסתבר, שזה יצר עוד משפחה שלמה שהוא תמך בה, מה שלא ידעתי במשך המון, המון שנים. זה מה שהוא עשה.

אולי גם אני הייתי עושה את זה, אם הייתה לי את ההזדמנות.

היא הלכה ונהייתה יותר נקמנית, יותר כועסת, יותר יקרה, וכל הנקמנות הזו הרחיקה ביניהם.

ואז הם היו אומרים אחד לשני "אני אוהב אותך".

והנה אני, ילדה קטנה שמסתכלת עליהם. אנחנו עדיין ב-׳מי׳, דרך אגב - שקר הכסף הראשון. יש שם הרבה מה לפרק.

אז, הם באו ואמרו, "אוי, אני אוהבת אותך", "גם אני אוהב אותך".

ואני הסתכלתי עליהם וחשבתי, "משהו קורה פה שהוא שקר, כי מתחת להכל יש מטען של מוות והרס ודוקרני קרח ורובים ומצ׳טות ומגל ו, ו, ומלחמת העולם השלישית".

הייתי צריכה לבחור מה אני אהיה.

איך בוחרים כילד בין אמא שלך לאבא שלך?

אני בחרתי את החלקים הכי גרועים והכי טובים שלהם כמו שכל אחד היה עושה בגילאי 3, 4,5, 10, 15 ו-20.

בעיקר, שנאתי אותה ואת כל מה שקשור לכסף, ואיך שהיא התנהגה. האשמתי אותה בהכל. אהבתי אותו כי הייתי יושבת איתו במרתף, עבדתי וטיפלתי בכל שכר הדירה של כל בנייני הדירות. הוא היה כיף, והיא הייתה מרושעת. לפחות ככה אני הילדה חשבה.

הוא היה רואה חשבון עם תואר שני במנהל עסקים ונדל"ן, ובשנות ה-80 המוקדמות, כולם התעסקו רק בבנייני מגורים ובשיפוץ בתים שעיקלו בניו יורק, ניו ג'רסי, ולכל אורך ההאדסון. הוא היה רוכש בניינים של 20 דירות במחיר מגוחך כי הם היו מעוקלים. הוא עשה מיליארדי דולרים בלי להוציא מיליארדים.

העבודה שלי בתור ילדה הייתה לשבת איתו במרתף. היה לו את השולחן שלו, ולי את השולחן שלי. הרגשתי כל כך מקצוענית. וככה התרחקתי ממנה. באמת

הייתי מאוד ילדה של, "כן, אבא!"

גם למדתי המון דברים. ספרתי את הכסף. אתם זוכרים את הספרים הירוקים ההם והעפרונות? זוכרים את העפרונות עם המחק בקצה? המחשבונים של פעם וכל אלו?

זה היה מזומן, תרתי משמע. זה היה עסק שכולו עבד על מזומן. העבודה שלי הייתה לאזן את השכירות, לספור את הכסף, ולסדר אותו. זה למה אני עדיין מסדרת את הכסף שלי, עד היום. אני מיחסת את זה אליו. ככה אפשר לראות את האהבה לכסף. המאות עם המאות.

אני פשוט OCD. הכל מסודר. אין לי בעיות שליטה. אין לי אוהבת שהכסף שלי מסודר. זה מה שעשיתי כילדה.

ערימות וערימות של כסף... ליקקתי אותו. אהבתי אותו.

אהבתי את איך שהוא הריח. אהבתי את הטעם שלו.

אפילו עבדתי בבנק בחופשות הקיץ בקולג' כי אהבתי כסף. אהבתי כשהמשאיות של ברינקס הגיעו. הייתי נכנסת לתוכן יחד איתם ומשחקת עם כל התכשיטים וכל הכסף. למדתי את כל זה ממנו.

אבל הגיע הקיטוב שלנו בנוגע לכסף, בגלל כל מה שחשבתי על אמא שלי, ואם אני אתחיל לספר לכם זה ייקח לפחות שנה. היא הייתה המקור הכי טוב שלי להופעות סטנד-אפ בהנחיית הקבוצות שלי. למדתי ממנה המון.

הייתי חייבת ליישר קו איתו ולהסכים איתו בזמן שאני מתנגדת ומגיבה לה, וזה יצר כל מיני שקרים בנוגע לכסף. הייתי חייבת לממש את מה שהוא אמר לי באופן מסוים, אבל גם מי שהיא בשבילי באופן אחר.

וכשממשים מציאות מופרדת, לא יכול לקרות שום דבר חוץ מקטסטרופות ומשברים.

עכשיו, הגענו ל-'מה'. מה אתם בקהילה - אמא שלכם, אבא שלכם, ההסתרות, חוסר השיתופיות - כל מה שדיברנו עליו.

מה אתם? אתם אמת

מה אתם עם כסף, כשאתם חיים את ה-'מי'? אתם חיים
ב-'עיר המי', או יותר נכון - 'איכס המי'.

מה אתם? אתם הרגשות והמחשבות של כל מי
שסביבכם. וכשזה מתממש, מה זה?

זה שקר. זה לא אמת.

זה לא אתם.

אבל באמת, מה אתם כשאתם חיים שקר? איך זה מופיע
בחיים שלכם? מה אתם?

עייפים. מוגבלים. זה ה-'מה'.

אז אתם חיים את ה-'מי' - את אבא שלכם, אמא שלכם,
הקהילה שלכם, העולם כולו - נכון?

ועכשיו אתם ה-'מה', שהוא עבד, שהוא "אני לא יכולה,
אני לא אצליח".

זה שקר ה-'מה'. וה-'מי' הוא לא אתם, אבל אתם
מממשים אותו, ואז אתם חיים אותו. ואז, אתם הופכים
להיות עבדים. מוגבלים. חולים. הכרוניים, העייפים.
ה-"לא משנה כמה אני אנסה... עשיתי כבר כל כך
הרבה... הכל כבר היה אמור להיות אחר. הוצאתי כל כך
הרבה כסף".

אתם יודעים מה קורה כשאתם מאמינים? אתם עוזבים
את הגוף שלכם.

אז כל ה-'מה' - האנרגיה המגבילה הזו - שאתם תסכנו הכל בשבילה ותשאירו את הגוף שלכם מאחור כדי להשתנות לטובה.

כי אני יודעת, שלפחות בשבילי, כשאני בוחרת בעצמי, כשאני מתחייבת לעצמי, כשאני משתפת פעולה עם היקום שפועל כדי לברך אותי, אני יוצרת. אכפת לי מכולם, כולל ממני.

אבל אני גם חכמה יותר. ואני יודעת שכשמישהו אומר לי משהו, או שהם רוצים להשתנות, או שהם משקרים לי.

אם אתם בוחרים לעזור למישהו בלי לקבל את רשותו המפורשת, קיים סיכון שהם יפתחו שנאה כלפיכם. וזה יידבק אליכם כמו דבק.

אז, כל השנאה שלהם, כל ההשלכה שלהם, כל ההפרדה שנעלתם בגוף שלכם, יצרתם את ה-'מי' ואת ה-'מה' של המציאות הכלכלית שלכם, הכל צריך לתקן.

12

מזומן לעומת כסף

אתם חושבים על ההבדל בין איך כסף מרגיש לאיך מזומן מרגיש? אתם מרגישים לפעמים שאחד מהם יותר דחוס מהשני?

אתם יכולים להסתכל על זה איך שרק תרצו, מה נכון וקל עבורכם. שום דבר לא חקוק באבן.

הנחיתי סדנה - סדרת שיחות אונליין - שנקראית *להיפטר ממחסור תזרים המזומנים*. ביליתי שמונה שבועות רק עם מזומן, אפילו שאני יודעת שמזומן זה כסף.

יש פשוט משהו אחר שאני לא יודעת להצביע עליו עבורכם. אני יכולה לתת לכם את נקודת המבט המעניינת שלי.

אני יודעת שיש לי כסף בבנק, יש לי פנסיה, ויש לי השקעות. ואני יודעת שיש לי מזומן. אבל המזומן שאני

רוצה שיהיה לי שונה מאוד מכסף. אני רוצה שהוא יהיה בארנק שלי, למרות שלא כולו ייכנס לי בארנק.

כשאני מטיילת ברחבי העולם, מה שאני עושה הרבה, אני אוהבת שיש לי מזומן והרבה ממנו. אני אוהבת לדעת שתמיד, למשל, אם תהיו בהודו וגנבו לכם את האשראי ואין לכם איך לחזור לארצות הברית, ולא יודעים שאתם אתם כי את הקוד שאתם מקבלים בטלפון כדי לשלוח להם חזרה לא מגיע אליכם ואין לכם כסף, ואתם לא יכולים להגיע לשום מקום - זו אנרגיה שאני לא רוצה להיות בה.

והייתי שם יותר מדי פעמים, וגם ראיתי אפס בחשבון הבנק שלי יותר מדי פעמים.

אז, אני אוהבת שיש לי כסף, ואני אוהבת שיש לי מזומן. אני אוהבת לשחק עם שניהם. זו נקודת המבט המעניינת שלי. ויכולים להיות המון שקרים בקשר לזה. זה מזכיר לי שיחה מהסדנה שלי עם מתאמנת שלי. כשתיארתי את נקודת המבט שלי על כסף ועל מזומן, היא השיבה לי בסקרנות.

היא אמרה, "זה טוב. תודה שהבהרת כי זה לקח אותי למקום אחר. עם מזומן, כמו שאת אמרת, אני מבינה איך כסף מרגיש נוח ובטוח כי אפשר כמעט לחוש אותו. מזומן הוא מוחשי, ואולי בגלל המקום בו גדלתי, אם החזקת הרבה מזומן זה היה מושך הרבה תשומת לב והיו שודדים אותך תוך רגע. אז ללכת לבנק עם סכום מזומן גדול היה מפחיד".

"איפה גדלת?"

"ונצואלה."

"כן, אני מכירה אותה היטב. ונצואלה, מדינת שני הספרים. מה שמראים כלפי חוץ, ומה שאף אחד לא יודע."

"אז, בהמשך לזה, אני תוהה איזה שקר נמצא מאחורי זה, כי אני מרגישה בנוח עם כסף, אבל כשזה מגיע למזומן-"

"יש שם שקר. את אמרת את זה בעצמך, 'אם מוציאים כסף, ישדדו אותך. יגנבו אותו'. אז, זה בדיוק ה-'מי' שלך. זה השקר."

היא חיה שקר שתמיד ישדדו אותך אם תחזיקי מזומן, וזה בטוח יצר לה מגוון בעיות, כמו שאפשר לנחש.

בואו נאמר שהשקר הוא מרכז הגלגל, ושאתם מאמינים בו.

צריך להרים את הגלגל עם ג'ק כדי להשאיר את השקר במקום. ואז, כשהורדתם את הג'נט שהחזיק את השוליים של הגומי סביבו במקום, עכשיו צריך לעשות את זה גם בצד השני של הרכב.

אתם כל כך תקועים בנקודת המבט שלכם ששום דבר חוץ מהרעיון שישדדו אתכם לא יגיע אליכם. אז במקום "כסף בא, כסף הולך, וכסף בא", זה יותר כמו "תגנבו

ממני, תגנבו ממני, תגנבו ממני, בבקשה. קחו ממני, קחו ממני, קחו ממני".

זה כמו "תבקשו ותקבלו". היקום פועל כדי לברך אתכם. אין אפליה בין מה שאתם מפגינים כלפי חוץ ומה שתקבלו. היקום נותן לכם בדיוק את מה שאתם מבקשים.

אם אתם מאמינים שמישהו ישקר לכם, אתם תזמנו אליכם את השקר הזה. אם תאמינו שמישהו יגנוב מכם, אתם תזמנו אליכם גנב. אם אתם מאמינים שאתם צריכים לעזור למישהו ושאתם יכולים לטפל בהם יותר טוב משהם מסוגלים לטפל בעצמם, יגנבו לכם את החומרים או הזכויות, או משהו.

כל הדברים האלו נייחים. והם מגבילים את הפוטנציאל שלכם.

13

שיפוטים

כשנרפאתי ממחלה סופנית עם אנרגיית הילינג ותטא הילינג™- כל כך פחדתי שמועצות הרישוי ייקחו את הרישיון שלי כי הנחתי ידיים על אנשים. זו שיפוטיות ענקית. אי פעם עברתם ביקורת כזו? זה לא כיף. עברתי כמה כאלה. אז, תמצאו כזו שיפוטיות.

קחו את האנרגיה הזו, לא משנה איפה חוויתם אותה, באיזו סיטואציה בחיים בה תפסתם את ההרגשה הזו בגוף שלכם. עכשיו, רק לרגע, תרחיבו את האנרגיה הזו למיליוני קילומטרים, למעלה, למטה, ימינה, שמאלה, למעלה ולמטה, ועדיין תרגישו איפה השיפוטיות הזו פגעה בכם - בראש, או בגוף.

לא משנה מה זה - הפחד הכי גדול שלכם, הדאגה הכי גדולה שלכם - ולא משנה איפה זה יושב - תנשמו אנרגיה לצד הקדמי של הגוף, לצד האחורי של הגוף,

לימינכם, לשמאלכם, אנרגיה שעולה מכפות הרגליים ו.יורדת מהראש

עכשיו, תהיו גדולים כמו כל כדור הארץ.

וגדולים יותר וגדולים יותר, ועדיין שימו לב לשיפוט הזה.

עכשיו, קחו את השיפוט הזה - ”אני משוגעת, אתה משוגע, אתה בן זונה, את לא אמורה לעשות את מה שאת עושה, מי נתן לך רשיון, הרשיון הזה, אתה פשוט נרקיסיסט, את פשוט רוצה את הכסף שלי, את מטורפת. צריך לירות בך, להרוג אותך, לקטוע לך ידיים, לענות אותך, להוציא לך את הקרביים (זה כבר בחיים אחרים)” - מה שזה לא יהיה, תוציאו את זה מכם .-

עכשיו, תהפכו את המולקולה הזו, איפה שאתם מרגישים עדיין את האנרגיה הזו בגוף שלכם. תחזירו את השיפוט הזה למי ששלח אותו, במודעות, וספרו לי מה .אתם מרגישים

קלילים יותר, מתרחבים יותר, או יותר דחוסים ויותר מצומצמים?

קודם כול, לא ננעלתם בשיפוט. דבר שני, לקחתם את השיפוט הזה והרחבתם אותו כמו מרחב. כששיפוטיות ודחיסות פוגשות מרחב, הדחיסות משתחררת ונפתח .עוד מרחב

רובנו מגבילים, מתגוננים, ועושים את הדבר האמריקאי, נסכסך. הולכים לעורך דין. נכון? להגביל ולהתגונן.

במקום לעשות את זה עם השיפוט, שזה אולי הדבר האינטואיטיבי פנימית שנרצה לעשות, אנחנו מכים בו בכך שאנחנו מרחיבים אותו כמו מרחב, מוציאים אותו מכם, שואלים את הגוף שלנו מה קיים מעבר לו וייוצרים מרחב, שאז נותן לנו עוד אפשרויות, עוד בחירות, עוד הזדמנויות, ואתם כבר לא תקועים בתוך הזפת של מישהו אחר.

אם תעשו את מה שאמרתי ומה שהובלתי אתכם דרכו כי ככה תפתחו את המרחב להוציא את שקר ה-'מי' וה-'מה' שאתם נהפכים אליהם, במקום לחיות את המציאות הכלכלית שהיא באמת אתם.

כשאתם עומדים מול בחירה ואפשרות ויצירה ויצרנות, אתם מוסיפים.

אז, כל השיפוטים שאתם מפחדים לקבל, האם אתם מוכנים לקבל יותר מהם כדי שגם תוכלו לקבל את השפע והשגשוג הכלכלי שמגיע שמגיע לכם?

אז, אם אתם עוד מחזיקים בשיפוטים, אתם מגבילים את כמות הכסף שיכולה להיות לכם, ואתם מגבילים את כמות הכסף שתתקבלו מאחרים. זה הקטע המוזר, זה שקר נוסף.

השקר הוא שאם תחסמו את השיפוטים, תהיו משוחררים.

אבל מה שאני אומרת הוא, שאם תקבלו שיפוטים

כלכליים, יהיה לכם יותר כסף, יותר מזומן, יותר בחירות.

ומה יידרש מכם כדי ליצור מאה מיליון דולר כל יום? למה אני אומרת מאה מיליון? כי יש בזה כל כך הרבה שיפוטיות, ויש בזה כל כך הרבה דברים שאי אפשר לתת להם צורה, מבנה או משמעות. כשדחיסות פוגשת מרחב, הדחיסות מתמוססת. כשמרחב פוגש דחיסות, המרחב מנצח. כשהמרחב מנצח, יש לנו בחירות, אפשרויות, הכנסות. צ׳ה-צ׳ינג, צ׳ה-צ׳ינג, צ׳ה-צ׳ינג.

כסף בוא, כסף בוא, כסף בוא, כסף בוא.

תגידו את זה איתי: ״כסף בוא, כסף בוא, כסף בוא, כסף בוא״, ותראו איך זה מרגיש בגוף שלכם.

זו המשימה שלכם:

תשאלו את עצמכם, ״מהי המציאות הכלכלית שלי?״ תכתבו אותה על נייר ותתלו אותה על המראה או על המחברת שלכם או שתקריאו אותה ותקליטו את עצמכם.

אם אתם בתוך ה-׳מי׳ או ה-׳מה׳ או שאתם מסרבים לראות את השיפוטים, תשאלו את עצמכם, ״מה זה ייצור?״ זו אותה שאלה, אבל מפרפסקטיבה אחרת.

אתם צריכים לממש את האנרגייה, המרחב והמודעות למציאות הכלכלית שלכם, ואתם צריכים להיות מאוד ברורים במימוש ה-׳מי׳ וה-׳מה׳ ובסירוב שלכם לקבל

שיפוטים, כדי שתוכלו לקבל את המציאות הכלכלית שלכם.

"אז, מה אני יכול להיות או לעשות היום כדי לקבל את המציאות הכלכלית שלי כבר עכשיו?"

אתם חייבים לבחור להיות עצמכם. תבחרו להתחייב לעצמכם. תבחרו לשתף פעולה עם היקום, שפועל לברך אתכם, ותבחרו ליצור.

אז, שוב, אלו הן השאלות:

מה זה ייצור? מי אני מול הכסף?

מה אני?

לאילו שקרים נפלתי?

אם זה חלק מהמציאות הכלכלית שלכם, אז תקבלו את השיפוטים ותמשיכו לבחור בעצמכם, ליצור עבור עצמכם, לשתף פעולה עם היקום שפועל כדי לברך אתכם, ותתחייבו למה שאתם יודעים שהוא הכי נכון.

תזכרו, אתם יצורים אינסופיים שיכולים ליצור אינסוף אפשרויות.

לעולם אל תגבילו את עצמכם. לעולם אל תצמצמו את עצמכם. לעולם אל תכלאו את עצמכם. לעולם אל תהרסו את עצמכם.

צאו לעולם ותעשו את מה שאתם אוהבים מתוך
המציאות הכלכלית האותנטית שלכם.

14

הקליל, הנכון והמרווח

אני רוצה שתקחו רגע ותשימו לב לגוף ולשכל - איך אתם מרגישים וחשים, כי בסוף הפרק הבא, יכול להיות שתרגישו אחרת, מרווחים יותר.

תנו לי קודם לספר לכם סיפור. זה משהו נחמד כזה שאני עושה בסדנאות שלי. בדרך כלל, בזמן הסדנאות על כסף ועל חופש כלכלי, אני אביא סטפה של מזומן לתחילת השיעור... כי, טוב, זה כיף. ומסתבר, שאני ממש אובססיבית לשטרות של מאה דולר. אנחנו מעניקים כל כך הרבה אנרגיה לחתיכת נייר הזו, נכון? אז חוץ מהשטרות, זה ממש מגניב שיש לי קליפס מזהב 14 קראט שמחזיק אותם ביחד.

אני אומרת את זה כי זה מעלה כל כך הרבה השלכות, שיפוטים, פחדים, רצונות וכעס. וזה בדיוק מה שאני עושה למחייתי - מדברת על כל הדברים שעולים סביב משהו כזה.

אז, אני אביא את הסטפה על תחילת הסדנה, בכוונה. אני רוצה שאנשים יסתכלו על הכסף, על הפיזיות שלו. אני רוצה שאתם, קוראים יקרים, תעשו אותו דבר.

כמה מכם, כולל אני עצמי, עשיתם שמיניות באוויר, קרעתם את עצמכם, נפגעתם ונפצעתם, כדי להרוויח מאה דולר, או אפילו רק דולר אחד?

זו הסיבה שאנחנו צריכים לחשוף את השקרים של הכסף, בגלל המאמצים שכולנו עושים כדי להשיג אותו. מגיע לנו, לכל הפחות, לדעת את האמת.

לחשוף שקרים עמוקים יכול להיות עוצמתי מאוד. כשלמדתי שאני יכולה לרפא מחלות סופניות בלי תרופות, אשפוזים, הרדמה או עזרה מאנשים אחרים שהם לא אני והבחירות שלי, החלטתי שבתור קואוצ'רית, מטפלת וד"ר לפסיכולוגיה, כל המטופלים שלי צריכים לשמוע על זה, גם.

הייתי לחוצה למצוא את הדרך הזו, אבל זה לא היה משנה, כי הייתי חולה. הייתי על הספה, ולא יכולתי לעזוב אותה. סבלתי מכאבים.

איבדתי את העסק שלי, את הקליניקה שלי, את הפנסיה שלי, את החסכונות שלי, את הבית שלי - איבדתי את כל מה שהיה לי בבת אחת.

אי פעם הגעתם למצב שלא היה לכם כסף בכלל? אני לא מאחלת את זה לאף אחד, אבל זו האמת

הייתה תקופה בחיי שלא היה לי שום דבר בחשבון, חוץ מאפס אחד ענקי שבהה בי. לא היה לי למי לפנות, לא היה לי ממי לבקש עזרה, לא נשארתי עם כלום, והייתי חייבת לקבל החלטה שלא משנה כמה זה יהיה קשה, אני הולכת לשנות את מה שזה לא יהיה שמונע ממני כסף, שמונע ממני להחזיק בכסף.

ומה שגיליתי הוא שאין לזה שום קשר לשום דבר חיצוני לי.

הכל היה שלי, והכל היה קשור למערכות האמונה שלי.

מה הם השקרים האלה של הכסף שאומרים, "משהו בטוח לא בסדר אצלי אם אני לא יכולה להשיג מה שכולם משיגים".

אבל, האמת היא, אין שום דבר לא בסדר בכם. זו פשוט בחירה.

מה בי סרב להחזיק כסף? כאילו, עשיתי המון כסף. היו לי הרבה תארים, חינוך והכשרה מאחורי. תמיד יכולתי לעבוד. התחלתי מלחלק עיתונים כשהייתי בת 8 והכנתי דונאטס בדאנקין דונאטס בגיל 14.

תמיד היה לי כסף ותמיד עבדתי, אבל אף פעם לא הייתה לי נחת מכסף.

תמיד הוצאתי כל אגורה שהרווחתי. אם לא עבדתי, לא היה לי כסף. למדתי את זה מאבא שלי מגיל מאוד מוקדם, ואני אסירת תודה על כך, אפילו שמאוחר יותר זה יצר לי בעיות.

כשהוא נפטר, הייתי באוסטרליה. לא ידעתי אפילו שהוא חולה ולא ידעתי שהוא השאיר אותי אחראית על הצוואה שלו. לא הייתה לי תכנית גיבוי, וזה היה אחרי שאני בעצמי הייתי חולה.

המפגש הראשון שלי עם האפס, כשעמדתי באותה תחנת דלק, ולא ידעתי איך אני אתדלק, למרות שאני עם הכשרה ותעודות, הייתה גלולה מאוד מרה. התחלתי להתייפח וניסיתי להבין מה לעזאזל אני אמורה לעשות. זה מעולם לא קרה לי.

מה שאני מדברת עליו נשמע אולי קיצוני לחלק מכם, כי מעולם לא חוויתם את זה.

אני מבינה את זה. אבל אני תמיד אומרת למטפלים שאני עובדת איתם שאפשר ללמד ולהנחות רק עד לנקודה שעברתם בעצמכם.

כסף הוא משהו שאני מתקשה איתו - וזה משהו שאני מאוד מוצלחת בו. וזה משהו שאני עדיין גדלה לצידו כי כבר אין לי את כל אותן הצרות הכלכליות, ובכל זאת, יש עוד עבודה לפני.

אני לא בטוחה מה עוד אני צריכה להיות ולעשות, אבל אני יכולה לומר לכם משהו אחד: אני אגיע לשם, לא משנה מה - לא משנה מה זה דורש, לא משנה מה אני אפסיד, לא משנה מה אני אסגור, לא משנה מה אני אעצור, לא משנה לאן אני אעבור, לא משנה מה אני אעשה, לא משנה איזה מקום בעולם קורא לי.

אני הולכת לבחור את מה שקליל ומה שנכון ומה שעובד לי כלכלית, רגשית, רוחנית ופיזית.

ככה מגיע אליי כסף, עם אמת ועם אור.

כסף מגיע למסיבה מהנה. כסף מגיע למה שקליל ומה שנכון עבורכם. כסף מגיע כשאתם חיים בתור מי שאתם באמת. כסף מגיע כשאתם אותנטיים. כסף מגיע כשאתם שמחים.

מעולם לא אהבתי להקשיב למנחי סדנאות שאמרו שהם מסודרים לגמרי בחיים. אני לא סומכת על זה שהם באמת מסודרים לגמרי ויודעים כבר הכל, ושהם באמת הלכו ועשו כל הדברים שהם טוענים להם. אני לא סומכת על זה. אני סומכת על סיפורים אותנטיים ואמיתיים.

לכולנו יש עניינים. לכולנו יש מטענים.

יש כל מיני איזורים בחיים - פיזיים, מנטליים, רגשיים, רוחניים, פסיכולוגיים, פסיכו-סומאטיים, פסיכו-אנרגטיים, תקשורתיים, יחסיים. תמיד יש ארבעה או חמישה איזורים כאלה שהולכים לכם טוב, ואחד עד שלושה שממש לא.

בשבילי, ובשביל הרבה מהמטופלים שעבדתי איתם, האיזורים שהכי התקשיתי בהם תמיד היו כסף, גוף, בריאות ומערכות יחסים.

אני יודעת מה השלדים בארון שלי ואני יודעת איפה הארון - כל ההתעללויות שדחסתי פנימה - ואני מדברת כל יום עם

205,000 מאזינים בתכנית שלי בקול אמריקה על להתגבר על ההתעללות, על התעללות פינסית, התעללות מינית, הגבלות ומגבלות שעוצרות את מה שאני קוראת לו חיות רדיקלית, וזה אומר לבחור בעצמכם, להתחייב לעצמכם, לשתף פעולה עם היקום שפועל כדי לברך אתכם ואז ליצור.

היום, אין לי שום דבר מתחת לאף שטיח. אני לא מפחדת מכלום. אני יכולה להתמודד עם הכל. כבר הפסדתי הכל. והשגתי הכל. התקדמתי. שיחררתי מהקליניקה שלי. שיחררתי מכל העסקים שלי. ויצרתי הכל מחדש. סגרתי הכל. ויצרתי הכל שוב.

כתבתי ספרים. פירסמתי ספרים. לא פירסמתי ספרים.

המשכתי לבחור במה שהרגיש קליל ונכון עבורי, לא משנה מה הטראומה, לא משנה מה הטראגדיה, ולא משנה איזה סיפור סיפרתי לעצמי.

האם אתם מוכנים לוותר על חלק מהטראגדיה שלכם, הטראומה שלכם והסיפור שלכם שמממשים את זה שאין לכם את כל הכסף שאתם רוצים, ואולי אין לכם את כל מֹה שאתם רוצים גם עם הגוף שלכם, מערכות היחסים שלכם, והעסק שלכם? אולי תעשו שינוי של מעלה אחת בלבד?

אנחנו עדיין יכולים לדבר עם כל העולם, ואם אתם רוצים שתהיה לכם קליניקה ושאנשים יבואו אליכם, אתם לא יכולים לדבר איתם בשפה שהם לא מבינים, נכון?

שינוי של מעלה אחת היא הדרך שלי, אז אני מכסה ככה את כולם - כולם יכולים לעשות בחירה.

לא משנה מה אתם עושים, אני לא מכירה את כולכם. אני מאמינה שאתם הילרים ברמה כזו או אחרת - בין אם אתם עוסקים בזה או רוצים ללמוד את זה.

אני מרגישה באופן מאוד עמוק שלכל אחד יש את השאגה שלו - הביטוי הפיזי של הצונאמי, הר געש, רעידת אדמה האישית שלכם - מה שחי בתוככם ושעל ידי מימוש האותנטיות שלכם, אתם תוכלו לשנות את העולם.

אז, מה הקשר של כל זה לכסף? אמת, או או כבדות.

קלילות היא תוססת ומרחיבה, כמו שמפנייה מצוינת. אתם יודעים כמה הבועות בשמפנייה טובות.

הדחיסות, הכבדות, היא כמו להתקפל לכדור. אולי אתם מרגישים את זה עמוק בבטן. משהו מצומצם שם. יש שם איזושהי מגבלה. אולי תתעייפו קצת, אולי תפהקו הרבה.

אז, זו השאלה שלי אליכם, ואז אתם צריכים להחליט איך זה מרגיש לכם, אמת, קליל או כבד.

האם אתם חיים את המציאות הכלכלית שלכם? אמת? קליל או כבד?

אם כן, אז האם יש לכם את כל מה שאתם רוצים? אמת? קליל או כבד? אין תשובות נכונות או לא נכונות.

עכשיו, נחזור על השאלות שהן הבסיס שמרכיב את הספר הזה. אתם יכולים להשתמש בהן כל הזמן כשזה נוגע לכסף. תכתבו אותן:

1. מי אתם?
2. מה אתם?
3. לאילו שקרים של כסף אתם נופלים?

אז, "מי אתם, מה אתם, לאילו שקרים של כסף אתם נופלים?"

מאוד פשוט...

עכשיו, אולי זה לא ייראה לכם כאילו זה קשור לכסף או מזומן או כל דבר דומה, אבל אני יכולה לומר לכם שהערב, אתם תתחילו לראות משהו - שמה שחשבתם שהוא המציאות הכלכלית שלכם הוא פשוט לא נכון, ושהאנרגיה שאתם מכניסים למציאות הכלכלית שלכם היא פשוט לא אמיתית. אתם תחשפו את השקר שהפכתם לאמת.

אתם תתחילו מלפתוח את התריסים, להוריד את הגלימה, את התחפושת שלבשתם בתוך חשבון הבנק שלכם, בעסק שלכם, במערכות היחסים המיניות שלכם, במערכות יחסים שלכם, בהורות שלכם, במערכות היחסים שלכם עם חיות, במערכות היחסים

שלכם עם מכוניות, ובמערכת היחסים שלכם עם כדור
הארץ.

וכשאתם מתחילים להוריד את הגלימה הזו, אתם
תתחילו לחשוף את עצמכם.

שם אתם מתחילים לשאוג, ההתממשות הפיזית של
הרעם, של רעידת האדמה, של הצונאמי, של הר הגעש -
שהם אישיים וייחודיים לכם - מתחילים לצאת החוצה.

שם גם ההשגחה העליונה מתחילה לזוז, ודברים
מתחילים להסתדר לכם.

אלו לא פיות החניה שמסדרות לכם חניה, חברים
יקרים.

זה אתם, שלוקחים צעד, וחיים בתור עצמכם.

למשל, לפני כמה זמן, פיטרתי את כל העובדים שלי
בהתראה של 90 יום. כל אחד ואחת. זה היה הסיכון הכי
גדול שלקחתי על עצמי, ובחרתי בעצמי בתוך עולם
העסקים - כי הייתי משהו, שבעולם העסקים, פשוט לא
עבד. לגרום לאנשים לעבוד בשבילי לא עבד יותר.

הייתה אנרגיה שגילמתי - זה היה כמו המשחק טלפון
הזה. הייתי אומרת, "תעשו את הדבר הזה", וזה כאילו
הם שמעו מנדרינית או רוסית או ספרדית, והם היו
חוזרים אליי, ואומרים לי, "הנה, סיימתי", ואני הייתי
מסתכלת על זה ואומרת, "אבל זה בדיוק לא מה
שביקשתי".

זו דוגמה אולי קצת קיצונית, אבל זו הדרך הכי טובה שלי להסביר אותה.

והייתה גם אנרגיה נוספת סביב השקר הזה שאני חייבת לעשות כסף, ושהוא שאני חייבת לעבוד מבוקר עד ליל. שימו לב למה שאמרתי על אבא שלי בתחילת הספר: לעבוד קשה ולחיות ללא נחת.

לעשות את כל זה ב-90 ימים לא היה התקף בולמוס. זה קרה בתזמון מתוכנן ומדויק. אמרתי "אנחנו מתקרבים ל-30 ימים, ואלו המטרות שאנחנו צריכים להגיע אליהן. הנה היעד. בואו נעשה את זה, נה נה נה נה נה". הכל היה מאוד ברור, אבל אני חייבת להודות, פחדתי בטירוף.

הייתי פגיעה באופן מוחלט.

המנטורית לשעבר שלי שאלה אותי, "מה העלות של ההחזקה שלהם? כמה עולה לך להחזיק את כל הצוות הזה?"

"הבריאות שלי, השיער המלבין שלי. ויש לי עוד".

ואז אמרתי, "אני ממש רוצה לחבור לחברת שיווק אחרת שאני חושבת שתעזור לי מעוד עם הספרים, עם תכניות הכשרה, כל התהליך הזה של לנקות את העולם מטראומה".

אני חולקת את זה איתכם עכשיו, כי אני חיה את זה. אני מסרבת לחיות לפי השקרים של הכסף, ואני מסרבת להיות עבד לכסף. סירבתי להיות עבד להתעללות, בדיוק כמו שאני מסרבת להיות עבד של כל דבר שהוא

לא מה שקליל ומה שנכון ומה שהוא חלק מהשאגה שלי (החיות האורגזמית הרדיקלית).

אז, תרצו להצטרף אליי? לשחרר מכל מה שלא נותן לכם לחיות יותר, לדעת יותר, להיות יותר, לקבל יותר ולתפוס את מי שאתם באמת, מעבר למציאות הזו, ולהכניס את כל זה למציאות הקיימת שלכם.

תנו לי להראות לכם איך כל זה עובד בכך שאשתף אתכם בסיפור על שיחה שהייתה לי באחת הסדנאות שלי. דיברנו על השקרים של הכסף, ויכולתי להרגיש איך האוויר בחדר משתנה. "שימו לב... הכל מרגיש פה יותר כבד ודחוס, או יותר קליל ומשוחרר?", שאלתי. כל המשתתפים ענו ביחד "קליל יותר".

מעודדת, שאלתי "יש משהו שתרצו לשאול?"

משתתפת אחת היססה לפני שהיא קפצה למים. "ואו, כל כך הרבה דברים. אני אתחיל עם העבודה שלי. אני משתכרת לפי שעה, ואני רוצה עבודה של גדולים, בתקווה גם להיות בעלים של חברה. אני פשוט מתחרפנת מאיפה שאני היום כשאני יודעת איפה אני יכולה להיות".

"אז, בתור מי את חיה עכשיו?" שאלתי, סקרנית לגבי האנרגיה שהיא הקרינה.

"אמא שלי", היא הודתה, בתחושת תסכול.

"ומה את אוהבת בלהיות אמא שלך בעבודה שלך? מה את אוהבת בללכת איתה לעבודה כל יום? לעשות

הפסקות בעבודה עם אמא שלך", חיטטתי, בניסיון לגרום לה לחקור את הדינמיקות הנסתרות.

"זה גרוע", היא השיבה, בחוסר שביעות רצון מובהק.

ואז, המשכתי לחקור, ועירבתי אחרים. "וכמה מכם עושים אותו דבר עם האמהות שלכם? אז, בתור מי אתם חיים, אמא שלכם? מה אתם אוהבים בלהיות אמא שלכם?"

"זה בטוח", אחד המשתתפים האחרים אמר.

"אוקיי. אז, תגיד לי מה בטוח בלסחוב את אמא שלך לכל מקום, לאכול בשבילה, לחשוב איתה, לבחור את הבחירות העסקיות שלך כשאתה רוצה להיות שם, אבל גם רוצה להישאר איתה. אמת. מה השקר שאתה חי לפיו?"

"אני לא טוב מספיק עד שאני משיג את זה", המשתתף התוודה, והניח בפנינו אמונה שחקוקה עמוק בתוכו.

"אתה לא טוב מספיק בשביל שיהיה לך את מה שאתה רוצה. אמת. עוד מישהו רוצה להוריד מעצמו אחוז אחד בלבד של 'אני לא טוב מספיק בשביל שיהיה לי מה שאני רוצה?'", עודדתי אותם, מזמינה עוד משתתפים לשתף.

"אז, מה אתם אוהבים בלא להיות טובים מספיק כדי שיהיה לכם את כל מה שאתם רוצים?", המשכתי.

"אני לא חייבת לשים את עצמי בקידמת הבמה", היא הודתה.

"ואם את יכולה להתחבא ולא לשים את עצמך בקידמת הבמה, מה החלק הכי טוב בזה, שאמא נשארת איתך ליד השולחן והשכר השעתי שלך? ואת לא מצליחה להגיע לאן שאת רוצה?"

"אפשר להתחבא", היא הודתה.

"אני יודעת," הזדהיתי איתה. הרגשתי את המשקל הרגשי שהיא סחבה.

"כל מה שאני עושה זה להתחבר לאנרגיה שלה, ולמילים שיוצאות משם. אני יכולה להרגיש את המגבלות בחזה שלה, ושהיא קורסת. אבל זה מה שאנחנו עושות", הוספתי, מזהה את הדפוסים המוכרים. "היא מחליטה לא להיות מה שהיא רוצה בכך שהיא בוחרת להישאר מחוברת לאמא שלה. אתם חושבים שזה משפיע על תזרים המזומנים שלה?"

"כן", היא השיבה, והודתה בהשפעה של זה

"אנרגטית? אמא שלך אוהבת כסף?"

"לא".

"אמא שלך אהבה את העבודה שלה?"

"לא".

"היא נשארה בעבודה שלה גם כשהיא לא רצתה להיות בעבודה שלה?"

"היא יכולה לצאת לפנסיה, אבל היא לא יוצאת", המשתתפת שיתפה.

"אז היא נשארה בעבודה שלה כשהיא לא רצתה להישאר בעבודה שלה?"

"כן".

"בדיוק. את נשארת בעבודה שלך גם כשאת לא רוצה להישאר בה?"

"כן", היא הודתה, שמה לב להקבלה.

"עכשיו, בבקשה, אלא אם זה קליל ונכון עבורך, אל תצאי מכאן ותתפטרי אם אין לך מקום אחר ללכת אליו, כי אני חושבת שאפשר לעשות דברים באופן פרגמטי". הזהרתי, מבינה את המורכבות של החלטות כאלו בעולם האמיתי.

אמרתי לה, "העבודה שלך נותנת לך כסף, אבל העסק שלך והשאגה שלך הם איפה שאת באמת רוצה להיות - וזה יתן לך הכל, כולל כסף. רובנו בוחרים להישאר בגלל הכסף, ואנחנו מזניחים את ההוויה שלנו בלבחור במה שאת בוחרת".

האישה המדהימה הזו בחרה במציאות כלכלית לא שלה. חלקכם לא רוצים לעזוב את אמא שלכם. היה סרט שנקרא *לזרוק את אמא מהרכבת*. אולי כדאי לכם לצפות בו

הנחיתי סדנה בקליפורניה במשך 15 שנים שנקראת **זינוק**, והיא עסקה בתכנית פעולה להעצמת החיים. יום אחד, קיבלנו דף נייר גדול, ואחד העוזרים שלי צייר עליו כסף. ביקשתי מכולם לקחת עט שחור, ואמרתי, "תכתבו את כל ההשלכות שלכם על כסף - כל השנאה, כל השיפוטיות".

חשבתי שיהיו אולי שלושה משפטים.

אלוהים, בסוף כבר לא ראיתי את הכסף.

כתבו שם כמה מהמשפטים הכי מחרידים שאי פעם ראיתי - וגדלתי בבית באווירה מאוד קולנית וצורבת.

למשל, *"חייבים למכור את הנשמה לשטן כדי להתקדם".*

זו דרך בטוחה מאוד להתרחק מכסף. אבל אנחנו בוחרים בזה כל הזמן, באופן סמוי.

היו שם דברים שאני לא רוצה אפילו לחזור עליהם פה מרוב שהם נוראים. אבל אתם כבר מכירים אותם - השיפוטיות, ההשלכות, ההפרדה, הציפיות, השנאה, הדחייה והחרטות בנוגע לכסף היו פשוט לא מהעולם הזה.

ובאותו הרגע, חשבתי לעצמי שאין פלא שלא היה להם מספיק, ושהם חייבים לעבוד קשה ולא משנה כמה הם מנסים הם לא יוצאים מחובות, והם תמיד, תמיד בחובות.

זה לא פלא שהם הצליחו לעשות כסף, אבל אף פעם לא הצליחו להחזיק בו או לחסוך אותו או לבזבז אותו, שהם מעולם לא יכלו לצאת לחופשות, ושהם היו חייבים לעבוד בשלוש עבודות או להתחתן עם מישהו שייתן להם כסף כי הם לא הצליחו להסתדר בעצמם, או שהם היו חייבים ללוות כסף ולהמשיך ללוות כסף מהמשפחה והחברים שלהם או לחיות על אשראי ומוסדות עד שהם פשטו רגל שוב ושוב ושוב.

חייבים להוציא מהגוף שלנו את אימוש ואבוש ואת כל התרבויות ואת הותיקן או כל דת אחרת שאתם מאמינים בה, כדי שתוכלו לשמוע את עצמכם.

זו שאלת ה-"מי אני?", עכשיו, 'מה' אתם?

כשאתם אמא שלכם, וכסף הוא שורש התגלמות השטן, 'מה' אתם? אתם מוקטנים, מפוחדים, משותקים, מוגבלים בילדות של שקרים שהפכתם לאמת שלכם.

אז, תתרכזו במרחב ואם הוא מרגיש לכם קל או כבד, כי כשמרחב פוגש דחיסות, הדחיסות מתמסמסת. כשהגוף שלכם מרגיש רחב יותר, אפילו אם יש בו דחיסות, תתרכזו במרחב.

רובנו מתרכזים בדחיסות, והדחיסות היא שקר.

אי אפשר לשנות שקר, אפשר רק לשנות את המרחב של האמת.

המרחב, האמת, הוא הקלילות שבתוככם, אז תתרכזו במולקולות של המרחב שבתוככם ותבקשו מהן

להמשיך להסתובב ולהסתובב ולהסתובב עד שיותר מכם נכנס לתוככם.

פשוט תראו איך אתם עושים שינוי של מעלה אחת. יש שינוי של מעלה אחת ממש שם, כדי להגיע למרחב כזה. זו הצלחה.

15

תגבו על זה כסף

לשתף פעולה עם היקום שפועל כדי לברך אתכם זה לדעת שהיקום עומד לצידכם בלי לדעת שהיקום עומד לצידכם, כי אתם לא יכולים לדעת שהיקום עומד לצידכם עד שאתם לא תעמדו בזכות עצמכם.

כמה אנשים ניסו כבר להגיד לכם שהם עומדים לצידכם ואמרתם להם, "אין מצב, לכו מפה".

זה כי אתם לא יודעים מה זה לעמוד בזכות עצמכם. אף אחד מאתנו לא באמת יודע מה זה עד שאנחנו לא בוחרים בעצמנו, מתחייבים לעצמנו.

הדרך היחידה שאני הכרתי להתקיים בעולם היא אם מישהו דפק אותי, תרתי משמע וגם סימבולית. לקח לי הרבה מאוד זמן לשנות את זה, ולהפיץ את הרעיון שיש אנשים טובים בעולם שלא מנסים לדפוק אותי כל הזמן.

החלק הקשה יותר היה להבין שיש אנשים בעולם שלא אכפת להם ממני בכלל, והיו שמחים לדרוך עליי.

חייבים להיות מודעים להכל, כל הזמן.

אני לא יודעת למה, אבל יש כמה אנשים שלא אוהבים אותי. אתם לא יודעים שיש אנשים בעולם שלא אוהבים אתכם? ואין לכם אנשים שפגשתם וישר לא אהבתם, גם אם לא ידעתם למה?

זה כמו שהאחיין שלי אמר כשאמא שלי ניסתה לשים אותו על הפיל בקרקס כשהוא היה בן ארבע: "זה לא בשבילי, אמא. זה לא בשבילי".

הייתי צריכה ללמוד לעמוד בזכות עצמי כדי לשנות את זה. מנטורית לשעבר שלי תמיד אמרה לי, "עם כל מה שעברת, וכל ההתעללות שספגת - זו שבחרת בה וזו שחיית בתוכה - איך זה שאת אדם כל כך אדיב ושאכפת לך מאנשים, ושאת מושקעת בשינוי ובצמיחה שלהם בדיוק כמו שאת מושקעת בזה שלך?"

חשבתי לעצמי, "אין לי מושג. חשבתי שכולם ככה?"

ואז התחלתי להכיר בעובדה שאני שונה. עכשיו, אני לא אומרת שכל אחד מכם הוא שונה. זו בדיוק טביעת הנשמה.

טביעת נשמה היא כמו טביעת אצבע ייחודית, האיכות הייחודית וקו המתאר של הנשמה שלכם, השאגה שלכם. אם תהיה לנו עבודה או מטרה או איך שלא תרצו לקרוא לזה, המטרה שלה תהיה לשחרר את השאגה

שלכם, את טביעת הנשמה שלכם על שפתי המציאות
שלכם.

השאגה שלי היא מה שאני עושה בשיעורים שלי,
בפרקטיקה שלי, בכתיבה שלי, בתכנית הרדיו שלי,
בהעלמת הטראומה מהעולם, בלהשתחרר מכלוב
ההתעללות, מהמגבלות וההקטנות, ואל החיות
הרדיקלית. זה מי שאני. אני מדברת על זה כל יום. אני
כותבת על זה כל יום. אני לא יודעת איך היו לי יותר
מ-100 תכניות בקול אמריקה על הנושא הזה, כי אני
חשבתי שזה ישעמם אותי כבר, אבל התכנית ממשיכה
וממשיכה.

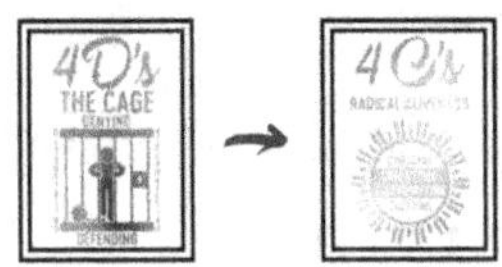

כל כך הרבה אנשים מתקשרים לתכנית לקבל הנחייה.
לאחרונה, הייתה מישהי שהתקשרה מערב הסעודית,

והיא דיברה מתחת לשולחן בשיחת סקייפ, כי אם היו מגלים שהיא שואלת את השאלות שהיא שאלה, היו רוצחים אותה. אני ממשיכה לשדר את התכנית שלי בשביל שאם יש עוד מישהו כזה, שמעולם לא ניתנה לו ההזדמנות לדבר על מה שנכון עבורה חוץ מהמרחב הקטן הזה בערב הסעודית. זו טביעת הנשמה שלי.

אני לא יודעת מה כל אחד מכם יעשה, אבל משהו הולך להשתנות. האנשים והדברים שהשקעתם בהם והייתם מעורבים בהם - הילדים שלכם, המשפחה שלכם, התזרים שלכם - כולם הולכים להשתנות כי אתם תסתכלו על הכל באופן שונה. כשאתם רואים את הכסף בחשבון שלכם יורד ואתם מרגישים את התחושה המוכרת הזו בגוף, אולי תגידו לעצמכם, ״מי אני, כרגע?״

לא משנה מה זה יהיה שישנה את האנרגיה שלכם, שיעיר אתכם, ויגיד, ״אוקיי, אם זה מה שאני כרגע, איך זה מרגיש?״

״טוב, זה מרגיש די נורא, וחרדתי. מה אני יכולה לבחור שיהיה יותר קליל ונכון עבורי?״

תרימו את הטלפון ותדברו עם מישהו, תקבעו פגישת טיפול, כל דבר. תמכרו דירה או בית. לא משנה מה - הנה, עשיתם כסף.

״מה אני עכשיו?״

בדרך כלל, זה פתטי. אתם מפוחדים, מוצפים, כבויים, דחוסים.

"אוקיי, איך זה משרת את מה שאני יוצר? איך זה הורס
את היצירות שלי, או מקדם את היצירות שלי?"

אם זה לא יוצר יצירות, תבחרו אחרת ותעשו כל מה
שנדרש מכם כדי להצליח: צאו מהבית, צאו להליכה,
לכו יחפים על האדמה, תעלו על סוס, תטפסו על משהו.

לא משנה מה תעשו. העיקר לעשות, לא רק לחשוב. זה
לעשות מתוך מקום של תפיסה וקבלה. ואז, השאלה
הכי טובה שתוכלו לשאול היא, "אוקיי, זה מה שקורה
בעצם. לאיזה שקר אני נופל כרגע, שהנחתי שהוא אמת?
"

וכשתקבלו את התשובה, אם היא כבדה, אל תאמינו לה.
זה שקר כי אי אפשר לשנות שקר. אי אפשר לשנות את
הכבדות. אפשר ליצור שינוי רק בכך שעושים את מה
שקליל ונכון עבורך.

כל פעם מחדש, תעשו את מה שנכון עבורכם. קלילות
מייצרת עוד קלילות.

אני איתכם בזה. אני מבטיחה לכם שיש לכם הרבה
תבונות וחכמה להציע לאנשים אחרים. ואני אומרת -
תגבו על זה כסף.

תגבו על זה כסף.

ואני מבטיחה לכם שאתם יכולים ליצור משהו במו ידיכם
שאף אחד אחר לא יוכל. ואני אומרת לכם, תשתמשו
בכסף הזה, שמגיע מתוך הנהדרות שבכם, כדי ליצור עוד
דברים נהדרים כדי למכור עוד מהנהדרות שהיא אתם,

כדי שעוד דברים נהדרים יגיעו אליכם ולעולם. כשכסף זורם, הוא יוצר עוד כסף. כי אתם לוקחים צעד לשאוג את השאגה שלכם, וזה קורה בזכות זה שאתם אתם.

כשמישהו מגיע אליי ופותח את הדלת בעוד מעלה אחת בלבד, אני יכולה להיכנס בה לגמרי. אני יכולה להציל את מה שהכי טוב בהם. אני בת אמצעית. אני יודעת לפעול. שרדתי הרבה בחיי. אני יכולה להתמודד עם הרבה, אז תנו לי להתמודד עם כל דבר, זו לא בעיה. אבל הייתי חייבת ללמוד לשמר את האנרגיה שלי, להרחיב את המרחב שלי, להשתמש בשתי האוזניים שלי וכשמישהו הגיע לעבודה פרטית, אמרתי, "אוקיי, כשתצא מכאן, מה תרצה שיישאר פה בחדר, אפילו רק להיום?" והם בדרך כלל יאמרו "אני לא יודע".

"טוב, אתה משלם לי. מה אתה רוצה לעשות?"

ואני גורמת להם לצאת מהקליפה שלהם ולהגיד מה הם רוצים לעשות כדי שנוכל להיכנס למרחב המעצים הזה שיעזור להם לבחור יותר, ששם נמצאת הקלילות שלכם.

הדבר הכי חשוב שתעשו הוא לעשות את מה שאתם אוהבים, לעשות את מה שקל לכם, לקבל על זה כסף ואז להמשיך ליצור - כי זו החיות הרדיקלית.

כשאתם חיים משהו שהוא לא זה, אתם בעצם מתים.

ואני לא יודעת מה איתכם, אבל למות לא נשמע לי כיף.

שימו לב כמה מעט אנחנו מדברים על כסף בפרק הזה, כי זו כל הפואנטה. הבעיה שלכולנו יש עם כסף לא קשורה בכלל לכסף. היא קשורה לכל השקרים שנפלנו אליהם.

עם זאת, כשאנחנו מדברים ספציפית על כסף, כשאנחנו מגבילים את עצמנו לכסף או כשאנחנו מנסים ליצור משהו, מי אנחנו?

"מי אני כשאני בוחרת באמא שלי ובאבא שלי?"

"לאיזה שקר אני נופלת והופכת לאמת שלי, וככה ממשיכה לבחור נגדי? עכשיו כשאני יודעת שזה בעצם אמא ואבא שלי, ולא אני."

אלו הדברים שאני יכולה הכי בקלות להכווין אתכם להבין. הם הכי יפתחו את המרחב שלכם ויעזרו לכם לבחור באפשרויות נוספות.

השאלה היא, האם אתם מוכנים לעשות את זה עבור עצמכם? רק עוד מעלה אחת.

כל נושא הכסף הזה מאוד טריקי.

יש מגיפה של התעללות במציאות הזו. זו הנורמה של המציאות הזו - המה-חלה שחיה לצידנו.

השקרים של הכסף הם התעמתות, "מי אני, מה אני, לאילו שקרים נפלתי והפכתי לאמת שלי?" זו לא עבודה לבעלי לב חלש. זו עבודה לשאגה העוצמתית שנמצאת

בתוככם ואומרת, "לא עוד. לא שווה לי יותר להתחבא מאחורי זה".

זה מה שאמרתי כשהסתובבתי והסתכלתי על כל העשורים הרבים של התעללות וכל החרא שספגתי.

לא עוד.

אני לא הולכת להישאר עבד לזה.

ואני יכולה לעזור לכל אדם ואדם בכך שאני אדבר על זה, ואני הולכת לדבר על זה. אני הולכת לצאת מהקליפה שלי אל העולם כי הרבה אנשים כמוני קיימים שם בחוץ. אחרי הכל, הנה אני מדברת על זה. הם לא יכולים לראות שלא מתים מלומר את האמת.

אבל אנחנו מתחבאים מאחורי הסלעים שלנו, מערכות האמונה שלנו, נקודות המבט שלנו, האימהות והאבות שלנו, העבודות שלנו, העוני שלנו, התקיעות שלנו, הכשלונות שלנו, וזה וזה.

ואנחנו נשארים פתטיים.

אם אתם קוראים את זה, אין שום דבר פתטי בכם. אתם אנשים שדורשים שיהיה להם כסף כי כסף בידיים שלכם ישנה את העולם.

כסף בידיים שלכם יכול להטות את העולם על צירו, רק לא לשבור אותו. ואם זה יקרה, זה בסדר, כי אתם תשאגו.

תהיו אתם, מעבר לכל דבר, וצרו קסם!

16

———

תוותרו על השקרים

כסף הוא נושא כל כך כבד לרוב האנשים. הוא מעלה כל כך הרבה זבל וחרא, שליליות והרס, מחסומים וכבדות ופחד - בערך כל דבר רע שקיים בעולם. אבל זו בדיוק הסיבה שצריך לדבר על זה, בדיוק כמו שצריך לדבר על בריאות, על סקס ועל מערכות יחסים. לכסף יש השפעה עצומה על החיים שלנו, ויש לנו בעיות שונות מולו.

אצלי, הבעיה הייחודית היא שתמיד הצלחתי לעשות כסף אבל מעולם לא הרשיתי לעצמי להחזיק בו, לשמור אותו. ואז התחלתי לשים לב שיש דפוס אצל הלקוחות שלי ש"הציגו את אותה הבעיה", שהם יכולים ליצור כסף, אבל לא להחזיק אותו או לשמור אותו.

התחלתי לצפות ולהיות עדה לכל האנשים האלו שעבדתי איתם, אנשים באמת נהדרים, משתחווים לגורו הזה, לאלוהים הזה, שקוראים לו כסף.

ואז, לפני כמה זמן, משהו השתנה אצלי לחלוטין, כלכלית ואנרגטית, והרבה ממה שדיברתי עליו כאן נעלם. אני אפילו לא בטוחה מה קרה.

זה לא היה חציית ים סוף ומשה רבנו וכל זה. אבל משהו פשוט השתנה.

עכשיו, אני לא אומרת שזה מושלם או שאני יכולה לעשות משהו יותר טוב כי, מבחינתי, אני תמיד מתפתחת, כן? אני תמיד משתפרת.

כשאתם מרפאים את עצמכם ממחלה סופנית בלי תרופות מערביות, מקבלים מזה משהו. ואני קיבלתי משהו מזה, ושמתי את כל הפיננסים שלי כדי להשיג את זה. וזו הייתה ההחלטה הכלכלית הכי טוב שאי פעם קיבלתי, כי מה שלמדתי מזה, היא שתמיד אפשר לעשות עוד כסף.

ואכן עשיתי.

בכך שתמיד פועלים לפי מה שמרגיש לנו קליל ונכון, ובכך שעושים את הצעד הבא כשהוא נגלה בפנינו, באופן טבעי אתם תמצאו את עצמכם צועדים במסלול ומובלים על ידי אנרגיה חיובית. ההתיישרות הזו לא רק מעצבת את הפעולות שלנו, היא גם משקפת את מה שקיים בתוכנו. כתוצאה מכך, כסף לפעמים הולך אחריכם כי אתם מסונכרנים עם האנרגיה החיובית שיוצרת סביבה שמוליכה ומושכת שפע כלכלי.

עם זאת, כשהמציאות הכלכלית שלי התחילה
להשתנות, ראיתי איך כל כך הרבה אנשים שעבדתי
איתם, וקולגות, שלא עושים את השינוי הזה כמוני.

אם אתם לא מבינים שום דבר ממה שאני אומרת, זה
בסדר. אני מעריכה את זה שאנשים אומרים שהם לא
מבינים, כי לפעמים כשאנשים אומרים שהם מבינים,
הם פשוט מחקים את נקודת המבט של מישהו אחר.

ואני לא רוצה שתעמדו בקו המבט של מישהו אחר כי
במשך כל כך הרבה שנים אנחנו גילמנו וקיבלנו את
עצמנו רק מתוך נקודת המבט של מישהו אחר - וקראנו
לזה המציאות שלנו.

שוב, הפרק הזה פחות ידבר על כסף ומזומן, אלא יתמקד
בכל הדברים שצריך כדי ליצור 'תזרים' - או מחסור בכזה
- בחשבון הבנק שלכם, בתיק שלכם, בהשקעות שלכם,
בפנקס החשבונות שלכם ובחשבוניות שלכם, כאן
ועכשיו.

כל מה שנדבר עליו הוא מה ממש את המציאות
הכלכלית שלכם.

אתם מבינים, אבא שלי תמיד דיבר איתי על מערכות
יחסים. הוא אמר, "הם אומרים שהפכים נמשכים. וזה
מה שקיבלתי. ואת רואה כמה טוב זה הולך?" הוא דיבר
על נישואים. ואם הגעתם עד כאן, אתם כבר יודעים איך
זו היתה בעיה שגרמה לי ללכת ללא מעט טיפולים
נפשים.

זו הסיבה שעשיתי תואר בפסיכולוגיה, כדי שאני אוכל למנוע מאנשים אחרים לעשות אותו הדבר. לומדים מה לעשות בחיים באופן מסוים.

הוא אמר לי משהו בסגנון של, "תעבדי עם מישהו שאת יכולה באמת לשתף איתו פעולה, מישהו שאפשר לעבוד איתו, לשאוף יחד איתו, וליצור משהו ביחד. אבל אל תשימי את כל הביצים שלך באותה סלסלה ועם אדם אחד שאיתו תבני את כל החיים".

כל הדברים האלו שהוא אמר לי ו וכל הרגעים ההם היו החינוך העסקי והפיננסי הכי טוב שיכולתי לקבל.

אני זוכרת שבימים הראשונים שלי בניו יורק, צפיתי בכל האנשים שהולכים לתחנת הרכבת כי ציפו ממני גם ללכת לעבוד בניו יורק. ציפו ממני לעלות על הרכבת הזאת כל יום ולעבוד במגזר העסקי. ציפו ממני ללבוש חליפה כל יום, לנעול נעלי ספורט או סניקרס ולשים את העקבים בתיק, ללכת לרכבת התחתית ולנסוע לעיר.

זה מה שהייתי אמורה לעשות.

אני זוכרת שהסתכלתי על הירח מחדר השינה שלי ואמרתי, "אלוהים, לא משנה מה תעשה, אל תתן לי לחיות חיים חסרי נשמה".

כן, הייתה שם קצת שיפוטיות.

כי זה מה שראיתי - ראיתי את כולם הולכים לתחנת הרכבת, גברים ונשים - ואף אחד מהם לא היה מאושר. אף אחד מהם לא חייך. כולם נראו גלמודים

בינתיים, אבא שלי, באותם הזמנים שבילינו במרתף, לימד אותי להיות שמחה ולעשות את מה שאני אוהבת. אז, עזבתי את ניו יורק ברגע שיכולתי ועברתי למערב. כשהגעתי לקליפורניה, כולם היו כאילו, "כן, זה שישי שני. בואו נרכב על אופניים. וזה שלישי ורביעי או חמישי... בואו נרכב על אופניים. בואו נצא לטיול בטבע".

חשבתי לעצמי, "אנשים לא הולכים לרכבת, כדי להיכנס לעיר ולעבוד על היום?" לא, הם עבדו בג'ינס ובמכנסיים קצרים ועשו המון כסף והיה להם תמיד חיוך על הפנים, וחשבתי לעצמי, אלה האנשים שלי.

הרגעים האלו עם אבא שלי היו חשובים, ומשם קיבלתי את האהבה שלי לכסף. האהבה הזו מהזמנים שביליתי עם אבא שלי ודיברנו על כסף שינו את כל החיים שלי.

היו קשיים באותן שנים, אבל עכשיו, כשאני נזכרת בסיפורים האלו ובאנרגיית האהבה שלי לכסף, זה עוזר לי לייצר עוד כסף, עוד עסקים, עוד כיף, עוד אושר, עוד תקשורת עם האדמה, סקס טוב יותר ומערכת יחסים שמחה יותר עם עצמי - מערכת יחסים בריאה יותר עם הגוף שלי.

אז, היה משהו ברגעים האלו, משהו בידיעה הזו של איך כסף מרגיש, מה הריח שלו, מה הטעם שלו, והרומן שהיה לי איתו, שמשמש פתח את ברז המזומן וברז הכסף שלי. אחרת, מעולם לא הייתי יודעת את זה.

17

החופש במרחביות

?למה אני מבקשת מכם לוותר על השקרים של הכסף

כי כל מה שאתם מאמינים בו שהוא לא שלכם, אתם הופכים אותו לנכון עבורכם, ואז אתם לא יכולים להשתנות או לחיות מעבר לו כי זה לא שלכם. אתם לא יכולים לשנות משהו שהוא לא שלכם.

יש למישהו מכם משהו בחייו שלא משתנה? מהיום הלאה, אני מקווה שתשאלו את עצמכם, "זה שלי?"

?שוב, זה שלי? זו האמונה שלי? המציאות שלי

כי אם לא תרגישו שזה קליל ותוסס ומבעבע ומרחיב כשאתם שואלים את השאלה "זה שלי?", ובמקום זאת, תרגישו דחוסים ומוגבלים וכבדים עמוק בבטן, זה שקר שאתם נופלים בו.

.אם זה מרגיש קליל, מרחיב, חופשי ושמח - זה נכון

עד כמה שאני יכולה, אני רוצה שכולכם תהיו קצת יותר פתוחים מאשר איך שהייתם לפני שקראתם את הספר הזה. כי לכולנו יש את הדעות ונקודות המבט שלנו, המציאות שלנו, הרצונות שלנו, הבעיות שלנו, האישיות שדורשים טישיוז - כל הדברים שאנחנו לא מצליחים להתגבר עליהם.

ומה שאני רואה על מטופלים שלי ועל עצמי, שזה בכלל לא דברים שלנו.

אנחנו אימצנו אותם.

שום דבר מהדברים הללו לא קשור אליכם.

אני לא סתם מפטפטת איתכם ואומרת את כל זה בלי שום סיבה. אני חולקת את הדברים האלו איתכם כדי שנוכל למצוא את האחוז האחד הזה עבורכם - שאני מקווה שיעזור לכם לצאת מכאן ולהתקשר לכל מי שחייב לכם כסף, ושהם יעבירו את הכסף לחשבון שלכם. או, שאם תחפשו עבודה חדשה, שזה יגיע אליכם איכשהו בדואר, או במייל, או בשיחת טלפון.

או שאולי מחר תפתחו את העיתון, או שתתגלשו באינטרנט, ומשהו שאתם רציתם, אולי אפילו משהו שלא ידעתם שרציתם, יופיע לכם על המסך... משהו כזה.

בחזרה אליי ואל התהליך שלי, בסוף הגעתי לטקסס. הדבר היחיד שידעתי על טקסס הוא השיפוטיות שלי

כלפי המדינה. אפילו לא ידעתי שיש לי שיפוטיות כלפי
טקסס.

ואז, כשהגעתי לטקסס, וחשבתי לעצמי "היי, אני די
אוהבת את המקום הזה".

אני עדיין לא מבינה את זה, ואני לא צריכה להבין. יש
פה מרחביות, נינוחות, ואני אוהבת נינוחות.

זה אף פעם לא יגיע כמו שתצפו שזה יגיע, כמו ההזמנה
הזו לאפשרויות ולחיים שיצרתי לעצמי.

מכרתי הכל, שחררתי מהכל, שחררתי מכל דבר שעשיתי
שלא רצה לבוא איתי כשעזבתי את קליפורניה. אפילו לא
בדיוק מכרתי את הכל. כי חלק מכרתי וחלק נתתי. זה
לא שינה לי כבר.

פשוט ידעתי שזה הזמן לעזוב, וכשהגיע ההזמנה,
הלכתי.

מה שפעל כדי לברך אותו דרך היקום מתוך הבחירות
של לעשות את מה שקליל ונכון עבורי שימח אותי. ולא
החלטתי את כל זה בשביל עבודה או כסף.

זו הייתה האדמה. הסוסים. הגוף שלי. זו הייתה בחירה
לאפשרות למערכת יחסים, וזה בהתחלה גם עבד.
בחיים לא הייתי חושבת שזה יעבוד.

"וואו, אז זה מה שקורה כשהכל קליל ונכון, והולכים על
זה", אתם בטח חושבים לעצמכם.

כן, וההשגחה העליונה גם זה זה עבורכם. היקום פועל כדי לברך אתכם. מה שהיה הכי קשה במעבר הוא שנכנסתי קצת לדיכאון. כי, אחרי שעברתי והכל הלך כל כך טוב, הייתי חייבת להסתכל על כל הבחירות שעשיתי בעבר שלא היו קלילות ונכונות עבורי.

זה חלק ממה שאני עושה כאן בשקרים של הכסף. אני מדברת על דברים שעברתי. אני לא לוקחת את זה מתוך איזה ספר, או תקדים, או שזה פשוט פופולרי עכשיו לכתוב ספר על כסף. "היי, בואו לכאן. יש לי תשובות עבורכם אודות השקרים של הכסף".

השקרים של הכסף והסדנאות הם מה שאני למדתי וראיתי בעצמי, בדיוק כמו שאני מספרת כאן. השתמשתי בזה עם המטופלים שלי, וראיתי איך כל החיים שלי מתרחבים. צפיתי בגוף שלי, בבריאות שלי, באושר שלי, בתזרים שלי, בסדנאות שלי ובמזומן שלי - משתנים לחלוטין.

הרעיונות שלי מתפתחים, ספרים שכתבתי והשתתפתי בכתיבה שלהם, ועוד דברים שאני עושה. דברים שחשבתי שיקרו רק עוד 20-30 שנים, קורים כאן ועכשיו - רק כי אמרתי "כן" לאפשרות האחת הזו.

כמה אפשרויות שאמרתם להן "לא" היו משנות לכם את החיים וכל מה שאתם חושבים שלא טוב בחיים שלכם, אם רק הייתם אומרים להן "כן"?

אז, זה השקר הגדול ביותר של הכסף - ואני באמת הולכת לאכזב אתכם עכשיו, ואני מתנצלת על כך.

השקר הגדול ביותר של הכסף הוא מערכת האמונות וההנחות שאתם מניחים על כסף, ומה שאמרו לכם על כסף.

רוב הסיפור שלי, כמו שאני סיפרתי אודותיו כאן, עוסק בי וב-"תהליך" שלי ביחס למה שהמציאות, או אמא שלי או אבא שלי או כל אחד, סיפר לי על כסף.

אבל זה אף פעם לא באמת על כסף.

חתיכת הנייר הזו היא כלום. הדבר הזה כאן - מה שאתם אומרים עליו - הוא שהוא הרסני, משמיד, והוא הבעיה בחיים שלכם.

אנחנו אומרים שזה נותן לנו אושר. או שזה מקור כל הרשע.

אנחנו אומרים שצריך לעבוד קשה בשבילו.

אנחנו אומרים שאנחנו שווי ערך רק אם יש לנו אותו, שאנחנו שווים משהו למישהו רק בזכות הרכב שאנחנו נוהגים בו, מה שאנחנו לובשים, מה שאנחנו מתקשטים בו, ולאיזו חופשות אנחנו יוצאים. ואני לא אומרת שכל הדברים האלו לא מקסימים, כי גם אני אוהבת אותם. אבל כמה מכם הפכתם לתלויים בכסף בתור הגורם לכל האושר והשמחה והערך שלכם?

אז, האם תהיו מוכנים לשחרר רק מאחת אחד של השקר של מה הכסף הוא עבורכם, שכסף הוא האלוהים שלכם, הגורו שלכם, או שכסף מכתיב איכשהו את הערך שלכם?

על מה תהיו מוכנים לוותר בשביל אחוז אחד יותר?

ובכל מקום בו השתמשתם בשיטת הגזר ואמרתם, "אם יהיה לי סכום כזה של כסף, אני אהיה טובה יותר. אם אני רק אעשה ככה, אני אהיה מאושר יותר. אם רק היו לי חמישים אלף דולר, אני אהיה שמחה. אם רק אוכל לשלם את שכר הדירה בחודש הבא, אני אהיה מאושר."

"אם יהיה לי את הסכום הזה והזה בחשבון הבנק, אני אתן לאדם הזה טיפ."

"אני לא אתן להם אחוז עשרים טיפ כי הם דרכו לי על הרגל", אבל בכנות, זה רק כי אין לכם את העוד עשרים אחוז האלה בתודעה שלכם.

אני אספר לכם על אחד הטריקים שלי.

כל פעם שאני מרגישה שאני כלואה בכלוב כסף, אני נותנת יותר.

לפעמים זה קשה לתת יותר, ולפעמים אני לא נותנת כסף בכלל. לפעמים זה אוכל או בגדים. הייתי ממיינת הרבה דברים - כשהיו לי הרבה דברים - והייתי מבקשת מהפריט הזה לומר לי אם הוא רוצה לעזוב? ואם הוא רוצה להיות מתנה, או להיתרם?

חברים שלי אהבו אותי. "אני לא רוצה את הכיסא הזה. אני לא רוצה את הספה הזאת. הנה, קחו אותם."

אני מעדיפה לשבת על הרצפה מאשר לשבת על משהו שכבר לא משרת אותי. לקח לי לא מעט זמן להגיע לשם,

אבל החלטתי. דרשתי שכל מה שסובב אותי - מה שאני
יושבת עליו, נוגעת בו או שמה על הגוף שלי, ירגיש
באופן מסוים. הכל חייב לגרום לי להרגיש טוב או יפה.
שהכל יהיה רך, ולא צמוד.

כן, אני שואלת את הגוף שלי מה הוא רוצה ללבוש כל
יום. איזה צבע, איזו אנרגיה?

אלו הדברים שהשקרים גורמים לנו לשכוח - הנוחות,
הנינוחות, השמחה.

אז, אני כאן כדי להזכיר לכם. אתם יכולים ליצור
נינוחות. אתם לא חייבים לאמץ את המה-חלה.

18

למה הכל סובב כסף מבחינתנו?

אז, למה הכל סובב כסף מבחינתנו?

המציאות הזו אוהבת להפנות אצבע מאשימה. אם זה לא האדם האחר במערכת היחסים או הרופא שלא איבחן אתכם כשגיליתם שיש לכם משהו, או מה שאין לכם בחשבון הבנק, אתם מרגישים שהאחריות היא לא עליכם.

אבל מה שזה לא עושה, זה שזה לא משנה את היחס שלכם לכסף.

האם אתם מוכנים לשנות את האופן שבו אתם מתייחסים לכסף במעלה אחת בלבד? אז, בואו נתחיל עם זה, עם שקר נוסף #2.

השקר השני הוא שהשווי הכלכלי שלכם הוא השווי העצמי שלכם.

אז, ספרו לי, למה אתם חייבים שיהיה לכם כסף כדי להיות שווים משהו? למה, בכך שאתם פשוט עצמכם, אתם לא מסודרים כלכלית?

אני אחזור לזה עוד רגע, אבל לפני זה, אני רוצה לספר לכם סיפור. כשפגשתי את גארי דאגלס, המייסד של אקסס קונשסנס, הוא הנחה סדנה בת 7 ימים שהשתתפתי בה בניו זילנד, והוא אמר לי, "מתוקה, את שרמוטה."

התחלתי לבכות כי האמנתי שלהיות שרמוטה זה רע, ולא ידעתי שאני מאמינה בזה עד לרמה הזו, או שהאמנתי שהתעללו בי כי הייתי שרמוטה. האמנתי שעשיתי משהו לא בסדר.

ואז, הוא אמר לי, "מתוקה, את רוצה לשמוע למה אני מתכוון כשאני אומר את זה?"

אמרתי "בהחלט".

והוא אמר, "יש לך שיפוטיות כלפי מישהו או משהו?"

"לא, לא ממש"

והוא אמר, "גם עם כל ההתעללות שעברת, את לא שונאת אנשים?"

"לא".

הוא אמר, "את יודעת שזה נדיר ושונה?" "כן"

והוא אמר, "את יכולה לקבל מכולם. ואת יכולה לקבל כל דבר, אז זו מי שאת. אז, את רוצה לגלם את השרמוטה שאת באמת?"

ואמרתי "ברור שכן!"

הייתי חייבת לעשות את השינוי הזה בשיפוטיות שלי כלפי מה זה אומר להיות שרמוטה, כי עד אותו רגע, זה היה קשור לעבר ההתעללותי שלי.

בתור מישהי שחוותה המון התעללות, לקח לי הרבה זמן לאפשר לגוף שלי להנות, מכף רגל ועד ראש, בהוויה אורגזמית לחלוטין. ועדיין יש לי כמה עכבות בנושא, אבל זה 99.99% יותר טוב.

ואז אמרתי, "אבל, אז מה זה זונה?"

והוא אמר, "חמודה, הזונה מקבלת כסף".

וזו האמת, כי אם היא או הוא לא ילכו וישיגו את זה, אז היא או הוא אחרים ישיגו את זה.

וזה מה שאני רוצה להיות, מישהי שמקבלת את כל הדברים הטובים שבעולם.

אני לא אומרת שצריך ללכת ולסרסר את עצמי או להיות לא אותנטית. אני אומרת שצריך ללכת לזיין אנשים או להרוג אנשים. וגם הוא לא אמר את זה. הוא מיסגר משהו שנתפס אצלי כל כך שערורייתי והכריח אותי לחשוב מחוץ לכלוב של מה שלא הייתי מוכנה לקבל. זה היה רגע משחרר ביותר.

מה שאני אומרת הוא שמה שאנחנו חושבים יכול להרוס את היכולת שלנו ליצור ולממש אם אנחנו נתפסים לשיפוטיות מסוימת.

כשאתם שופטים מישהו, אתם תראו שזו מגבלה של הגוף ושל הלב, או שתרגישו דחוסים, ותרצו לסגת.

כמה כבר תוכלו לקבל מהם? וכסף עובד אותו הדבר.

ככל שתקבלו יותר שיפוטים וככל שתוכלו לשחרר מיותר שיפוטים, ככה יותר כסף ויותר מזומן יזרום לתוך החיים שלכם, ותוכלו לקבל את כל מה שתרצו.

והנה אני קופצת ישר לשקר 3# שעוסק בקבלה ובשיפוטיות בחיים שלכם.

אני לא אומרת שצריך לעמוד מול כל החדר ולומר, "היי כולם, אתם יכולים לשפוט אותי בבקשה? תזרקו עליי את על החיצים שלכם".

אז, כל מערכות היחסים שאתם כבר לא בהן, השארו עליכם חותם מיני - מערכות היחסים המיניות שאתם כבר לא בהן, כולל נישואים שיצאתם מהם, השאירו עליכם חותם, על איך שהם תופסים כסף, על איך שהם תפסו אתכם, על איך שהם תופסים מזומן, ועל השיפוטיות שלהם עליכם, וכל זה עדיין שוחה במצפון המולקולרי שלכם. האם תוכלו להתגרש אנרגטית מכל זה?

האם תרצו למוסס ולשחרר את כל זה אל האדמה? האם תרצו להחזיר להם את מה שהוא שלהם, עם תוספת מצפונית שלכם? האם תרצו לשחרר את כל המערכת המינית שלכם מהמציאות שלהם? ולתת למיניות שלכם לפרוח ולשגשג? עם אפשרויות חדשות?

תפעלו עכשיו. נפצו את השקרים בכך שתשאלו את עצמכם שאלות שמפרקות את הנושאים האלו.

19

?למה אתם מסרבים

מה אתם מסרבים להיות כשאתם שמים כסף בארנק שלכם ושואלים אותו מה הוא רוצה לומר, והוא אומר "אתם לא אוהבים אותי".

מה אתם מסרבים להיות שהיה משנה את האנרגיה הזו באופן מיידי?

מה כולכם מסרבים להיות עם כסף, שאם רק הייתם כאלה - אם תאהבו אותו, אם תלטפו אותו, אם תכבדו אותו, אם תחבקו אותו, אם תנשקו אותו - לא אכפת לי מה תעשו - אבל אם תאהבו אותו, תצרו אושר ואפשרויות של מי שאתם יכולים להיות ומה שתרצו להיות במציאות הזו, והוא יבוא.

היקום פועל כדי לברך אתכם, אבל אתם חייבים לבחור ולהתחייב לעצמכם. זו ההזדמנות שלכם, ויש לכם רצון חופשי.

תתחייבו לעצמכם - לא רק כי אני אומרת לכם לעשות את זה.

אחרת, אתם לא משתמשים בכסף כאפשרות. ואתם לא משתמשים בכסף כהזדמנות, כי אתם לא מוכנים להיות ההזדמנות הזו.

מה אם אתם האפשרות המהלכת, וזו המציאות הכלכלית שלכם?

אחד המשתתפים בסדנת השקרים של הכסף שלי שיתף את נקודת המבט הזו, "כסף תמיד היה עונש במשפחה שלי.

ההורים שלי התגרשו ואבא שלי העניש את אמא שלי בכך שהוא לקח את כל הכסף, כי הוא אהב אותה. הוא רצה להישאר איתה, והיא לא, אז בסוף גרנו בפריז, אבל בדירה קטנטנה והיינו מאוד עניים. זה היה אחרי שהייתי בת של שגריר וחייתי בבתים ענקיים באזורים הכי טובים בפריז".

אז שאלתי אותו שאלה, "מה החלטת לגבי כסף, באותו הרגע, ממה שראית על ההורים שלך? באמת

מחשבה ראשונה, הכי טובה, בלי מחשבה".

היא אמרה, "שכסף הוא מרושע".

בדיוק. אני יכולה לשתף איתך משהו?"

האופן בו דיברת על כסף עכשיו, 'אבל אני עושה הכל', -

זה מרושע". הדגשתי לה את היחס שלה לכסף. והיא
הסכימה.

המשכתי, "וזו הסיבה שלא משנה מה את רוצה לשנות
בכסף שלך, זה לא משתנה, ואין לזה שום קשר לכסף.

זה קשור לזה שאת מתנהגת ברישעות ובוחרת להיות
מרושעת כמו שאמא ואבא שלך היו מרושעים אחד
לשנייה.

כמה מהשיגעון הזה את מוכנה לשחרר כאן הערב,
השיגעון שההורים שלך לימדו אותך על כסף?

כמה שיגעון? כי אפשר לשמוע כשאת מספרת את
הסיפור הזה, זה כאילו, 'זין על פריז, ועל כסף, ועל
גירושים. תוציאו אותי מפה, תצילו אותי, תצילו אותי'.

אבל המציאות היא שלכולנו יש קצת שיגעון כשזה מגיע
לכסף.

זו הסיבה ששקר #2 הוא שהשווי הכספי שלנו קשור
לערך העצמי שלנו. זה למה אנחנו מסובבים הכל סביב
כסף והולכים לכל הסדנאות האלה שבהם אנחנו
חושבים שמישהו ייתן לנו את התשובה לתזרים שלנו.

טוב, אז התשובה היא לא חישוב או קונפיגורציה.
התשובה היא להיות עצמכם".

"והאם את מרושעת?" שאלתי, וחיפשתי להבין את
הטבע המהותי של אותה אישה

"מהותית, את מרושעת? כשהיית ילדה וראית את מה שההורים שלך עשו, אהבת את זה?" לא חיטטתי יותר, ונתתי לה להרהר בהשפעות הילדות שלה עליה.

"לא, רציתי להגיד שאני לא מרושעת, אבל אני כן", הגיעה ההתודות.

"רגע אחד... זה טוב", עצרתי, וזיהיתי רגע משמעותי. תגידי, 'אני מרושעת'".

"אני מרושעת", המשתתפת השיבה.

"תגידי, 'אני ממש פאקינג מרושעת'".

"אני ממש פאקינג מרושעת", חזרה על כך המשתתפת.

"ואני יודעת שאני ממש לא רוצה להיות בצד הלא טוב שלך, בצד המרושע שלך, כי את יכולה לחתוך אותי לחצי בלי למצמץ, לא ככה?" ציינתי, והכרתי בצדדים החדים באישיותה.

"אהה, לגמרי", אישרה המשתתפת.

"כסף מגיע למסיבה של כיף. הוא לא מגיע לרשעות, וכשחותכים אנשים, כולם יברחו. סיימת עם לגרום לאנשים לברוח ממך?" ביררתי, והתחלתי להפנות את השיחה לכיוון של שינוי.

המשתתפת חשפה צד משפחתי לנרטיב. "בגלל שאבא שלי לא נתן לאמא שלי מספיק כסף, כנקמה, אמא שלי שמה אותי בבתי הספר הכי יקרים בעולם כדי שהוא

יהיה חייב לשלם על בתי הספר האלה ולבזבז לו את
הכסף".

"אז, השקר השני שאני אדבר עליו הערב הוא שכסף הוא
האויב שלך - הכסף בתור המתעלל שלכם, ולא בתור
השותף שלכם, ועל זה היא מדברת כאן היום", הסברתי
וחיברתי את הנקודות.

"את מוכנה לוותר על עוד מעלה אחת בלבד?" שאלתי,
והצעתי לה אפשרות לשנות את נקודת המבט שלה.

"כן", המשתתפת הסכימה, ואותה על נכונותה לקלף
את השכבות של התניות עברה.

וככה יכולנו לחשוף את השקרים של האישה הזו, לקחת
אותם ממקום שמבולבל ומתוסכל מכסף אל תוך
הנכונות להשתנות, ולהתחיל משינוי של מעלה אחת
בלבד.

יכולתי להבין מאיפה זה מגיע, כי עברתי בדיוק את זה.
גם אמא שלי השתמשה בכסף מעלינו, כנגד רצוננו, רק
כדי להביע את הכעס על אבא שלי. לא רציתי את בובות
הטרול ההן! הייתי טומבוי ולא רציתי שום בובות טרול,
אבל זה היה שנות ה-80 וזה היה הטרנד באותה תקופה,
וזו תגובה מצוינת של הבזבוזים של אמא שלי כתגובה
לכעס שלה על אבא שלי.

אמא שלי אמרה לאבא שלי על זה ואמרה "אני צריכה
עוד כסף בשביל זה. ליסה, תספרי לאבא שלך על לה ולה
ולה ולה".

ואמרתי, "אני בכלל לא, על מה? כן, יש לי בובות טרול,
תודה, אבא".

האם היא ידעה מה כן לעשות? לא, זו הייתה הדינמיקה
ביניהם, של שנאה, דחייה וחרטה סביב כסף.

האם תרצו לצאת מתוך המציאות של אמא שלכם ושל
אבא שלכם או של השוטרים או רשות המסים או של
האקס שלכם?

והאם תהיו מוכנים לוותר על הרישעות שבחרתם
להתעטף בה, הפרסונה הזו, שמבוססת על מה שהייתם
עדים לו.

רק מעלה אחת נוספת, כי יש יופי ברכות שקיימת
בתוככם, והיא האני האמיתי שלכם. אני יכולה לראות
אותה, אבל היא מתחת לשריון הרשעות שאתם עוטים.
ואני יודעת שיש משהו יותר כואב מלחיות בתור מישהו
שהוא לא אתם, בתוך השריון הזה.

אני יודעת את זה, כי חייתי את זה.

ברגע שזה נעלם, ברגע שאתם נפתחים ויוצאים מזה
וצועדים לתוך עצמכם, ההשגחה העליונה תזוז איתכם.

20

כסף נותן לכם חופש

כסף נותן לכם חופש ושליטה, נכון?

לא, העולם סובב סביב כסף?

אתם יכולים להילחם בזה כמה שרק תרצו וליצור את מה שתרצו, אבל נחשו מה?

אם תמשיכו לעשות את זה, אתם תפסידו, כי המציאות הזו לא רוטטת בתדר הזה.

מה אם תשקיעו את כל האנרגיה שלכם בקבלה של כסף במקום בלהרחיק אותו מכם? למה תהפכו אם תעשו זאת?

טוב, זו בחירה שלכם.

תאמינו לי, אתם מפתחים מגבלות מסוימות כשיש לכם ערימת כסף על השולחן כל שבוע ואתם רואים מה

קורה. אתם מפתחים מאסר עצמי, ואז אתם מייצרים את המאסר הזה מחדש כל יום ביומו.

זה אותו שיגעון שחוזר על עצמו שוב ושוב עד שאתם שוכחים שיש לכם ברירה אחרת, ושמה שאתם יוצרים הוא לא אתם עד שאתם מתעוררים באותו הרגע ואומרים, "אני מסרבת להמשיך לעשות את זה. אני אפעל בתור עצמי".

הייתה משתתפת אחת בסדנה הזו, והיא חשפה בפנינו מערכת יחסים מעניינת מאוד עם כסף, והראתה את יכולותיה לייצר מימון במהרה מול הקושי שלה לעמוד בחלק הפחות מהנה של תשלומי ההלוואות. להוטה להיכנס לתוך הדינמיקות הנסתרות, שאלתי, "מה את אוהבת בלשנוא להחזיר כסף לאנשים?"

"זה כאילו שברגע שאני משלמת להם חזרה, הם יכולים לעזוב אותי", המשתתפת התוודתה. זיהיתי את הדפוס שעלה וחיטטתי יותר, "זה קשור באיזושהי צורה לכסף?"

"לא", הגיעה תגובתה, ואישרה את הניתוק מהנושא הכלכלי.

"שקר 1# בפעולה", ציינתי, והדגשתי את הניתוק בין הבעיה הניכרת לעין לבין שורשיה האמיתיים. עודדתי את המשתתפת לדבר על הדפוס וביקשתי ממנה, "תגידי את זה שוב, 'כי כשאני מחזירה להם כסף...'"

"כשאני מחזירה להם את הכסף, הם יכולים פשוט לעזוב", המשתתפת חזרה על כך

"ואם הם יעזבו, מה יקרה?" המשכתי, מקלפת את השכבות.

"אז אני אאבד אותם", המשתתפת הודתה.

"ואם תאבדי אותם, מה זה אומר לגבייך?" חיטטתי, מנחה את המשתתפת להסתכל על ההשלכות העמוקות יותר של הנושא.

"שאף אחד לא אוהב אותי", הייתה התגובה שנחשפה.

"ואם אף אחד לא אוהב אותך, מה זה אומר לגבייך?" לחצתי עליה יותר, צוללת לתוך שורש האמונות שלה.

"אין לי מושג", הודתה המשתתפת, והגיעה לנקודה של חוסר ודאות.

"יופי, כי עכשיו את נכנסת לטריטוריה שאת לא מכירה". הבחנתי, וזיהיתי את עליית הרגשות שהיא לא חקרה.

"מה את אוהבת בלהיות לא מוקפת באנשים, ולהיות לבד לגמרי, לא לעשות כלום?" שאלתי בניסיון לשפוך אור על המניעים הנסתרים.

"אז אני יכולה לעשות מה שבא לי", חשפה המשתתפת, והאירה על הנושא החוזר.

"אז האם יש לזה קשר לכסף?" שאלתי, ועודדתי אותה להסתכל על הקשר בין הדפוסים שראיתי אצל המשתתפת לבין החוויה הפיננסית של המשתתפת

לא, אבל היא השליכה את זה על כסף, והמוטו שלה היה שהיא רוצה להיות לבד ולעשות מה שבא לה. היא הייתה חייבת להשליך את כל זה על כסף, וכל הדינמיקה הזו של להגיע לדקה ה-90 בקטסטרופה ענקית והדרמה של להשיג כסף ולקחת הלוואות מאנשים ולגרום לאנשים לתת לה כסף, ואז להחזיר להם. היא דפקה ברקס על ההישארות בשליטה שלה.

אולי עדיף לעשות את זה עם בגדים במקום עם כסף.

זה כמו להגיד, "תנו לי את הדבר הזה שכל המציאות סובבת סביבו ומתפקדת עליו כדי ליצור כזה מאבק ודרמה וטראומה סביבו עד שלא אוכל לצמוח מעבר לזה, ולעולם לא לפתח מערכת יחסים עם זה, ואף פעם לא להיות שותפה לו, כדי שאני תמיד אוכל להיות בתוך המאבק הזה עם הדבר שהמציאות נעה בזכותו. לחיים".

כמה מכם עושים את זה? אתם רוצים יותר שליטה, יותר כוח בחיים שלכם, אבל אתם פשוט משליכים את זה על המצב הכלכלי שלכם. גם זו צורה של התעללות כלכלית. ואתם חייבים להכיר בהתנהגות הזו שלכם ולפעול ליצירת שינוי.

21

?מה התשובה הנכונה

כשאבא שלי נפטר, הוא השאיר לי לנקות אחריו את כל הבלאגן שלו - הבלאגן הכי גדול שראיתי - ואני עוד מנקה אותו. תודה לאל, כמעט סיימתי.

אבל בעודו בחיים, הוא אמר לי מאוד בבירור, "אני רוצה שיהיה לכם את הכל ושתשתמשו בהכל, ואני אשמח לראות אתכם מקבלים את הכל ומשתמשים בהכל, ואיך אני יכול לעזור בזה?"

הוא בנה תוכנית. אנחנו פשוט לא הקשבנו לו.

אבל היו לו בעיות - הוא לא הצליח להחזיק בכלום.

הוא היה חייב לתת לכולם. הוא נתן לאמא שלי, הוא נתן לי, לאח שלי ולאחותי. הוא שילם על החתונות של רוב בני הדודים שלנו. הוא שילם על חתונות של עוד אנשים.

הוא פשוט היה אדם נדיב, נדיב מדי, כי הוא פשוט לא יכל להאמין שמגיע לו שיהיה לו משהו מכל זה.

אבל מה הקשר של להחזיק בכסף קשור למציאות הזו?

חלקנו אולי חושבים שאם יש לנו כסף, אנחנו בטוחים. אז, אני מכירה הרבה אנשים שיש להם כסף, וקרו להם דברים נוראיים.

מה לגבי, אם אין לכם כסף, אתם לא בטוחים? אז, אני מכירה הרבה אנשים שאין להם הרבה כסף והכל בסדר בחיים שלהם. הם פשוט מאושרים.

אז, כל הדברים שאנשים משליכים, כל הרמזים, השיפוטים ונקודות המבט האלו נועדו כדי לשלוט בכם ולהגדיר את ההוויה שלכם לפי נקודת המבט של מישהו אחר.

כשאתם מוגדרים לפי נקודת מבט של מישהו אחר, איך תצליחו להרגיש שייכים?

אתם לא.

מכמה מהמציאות הכלכלית שלכם נאלצתם להיפטר כדי להתאים את עצמכם למציאות הכלכלית הזו? האם אתם מסוג האנשים שרוצים להחזיק בצד חיסכון לכל צרה שלא תהיה? האם זה טוב לחסוך לקראת צרות?

מה התשובה הנכונה?

כשהנחיתי את סדנת השקרים של הכסף בפלורידה, זה היה מדהים, כולם כל הזמן שאלו 'אז מה התשובה

הנכונה?׳ חשבתי שזה משעשע ותהיתי אם זה קטע של פלורידיאנים. לדעת מה התשובה הנכונה.

אז, זה דבר טוב וזה דבר רע, צורת המחשבה הזו. כי, תנו לי לומר לכם, אני כנראה הכתובת הכי פחות טובה אם אתם מחפשים את התשובה הנכונה. אני אשגע אתכם - אין תשובה נכונה. מה שנכון זה מה שקליל ונכון עבורכם.

כשאתם בוחנים מה קליל ונכון עבורכם זה מה שטוב, אבל זה לא משהו אובייקטיבי אוניברסלי. הדבר הנכון והקליל הוא סובייקטיבי וייחודי לכל אחד ואחת.

זה כמו שמערכת החינוך אומרת, "יש תשובה נכונה, תסמנו את הדבר הנכון, ותקבלו 100. אם תטעו בככה וככה, תקבלו 90, תטעו ביותר, זה 80, תטעו בעוד, זה 70".

או, אם אתם כמוני וגיאומטריה, אתם נכשלים שוב ושוב עד שאתם צריכים לקבל שיעורים פרטיים.

זו המציאות. אתם חייבים שתהיה לכם את התשובה הנכונה כדי להתקדם.

אין הבדל בין הצורך שיהיה לכם כסף לבין הערך העצמי שלכם, ולהיות טובים יותר.

אז, חזרה לאותו חיסכון לכל צרה. מי לימד אתכם את הרעיון הזה? אנחנו כבר לא ילדים בין שלוש או ארבע או שבע, ואנחנו שוכחים שאנחנו יכולים לבחור מה קליל ונכון עבורנו.

בובות הטרול האלה... האם אי פעם ביקשתי אותן?

לא, אני רציתי בובות קן!

אני אהבתי את סופרמן, אהבתי לשחק כדורגל, ואהבתי לנסוע לעיר.

כן דיגמנתי כילדה בעיר, אבל לא רציתי לדגמן. אהבתי את טיסות ההליקופטר, אבל לדגמן היה נורא כי היה צריך לעמוד שם וללבוש כל מה שאמרו לך.

לא הייתה לי בחירה.

אמא שלי רצתה בזה, הם רצו בזה. עומדים שם, ועושים את זה. ככה אנשים חוטפים מחלות מסכנות חיים, וכל כך הרבה מערכות יחסים נגמרות באופן מזעזע, ואנשים חווים בעיות תזרים - כי כולנו בוחרים ליצור את החיים שלנו על בסיס נקודת המבט של מישהו אחר, שהיא שקר מוחלט עבורנו.

ואני אומרת "תשאגו®. לא עוד". תהיו קול הרעם.

תהיו הצונאמי, רעידת האדמה.

תהיו הזרימה שמשנה את המציאות הפיזית סביבכם רק בזכות הנוכחות שלכם בה. תגידו "כן" כשאתם מתכוונים לכן, ו-"לא" כשאתם מתכוונים ללא.

תפסיקו להאמין בזה שכסף הוא השורש של כל הבעיות שלכם. תפסיקו להאמין לכל דבר שאי פעם אמרו לכם על כסף. פשוט תאמרו, "לעזאזל, זו המציאות הכלכלית

שלי. מה אני אבחר? אם הייתי חיה את המציאות הכלכלית שלי היום, מי אני אהיה?"

כי באותו הרגע, לפחות אתם יודעים שאתם בהווה. האם אני אומרת לא לחסוך?

לא ממש.

אני אומרת לא לגלם, להגדיר, להתיישר, להסכים, להתנגד או להגיב לכל דבר שהוא לא ה-"כן" שלכם - מה שקליל ונכון וכיף עבורכם.

תהיו אתם, מעבר לכל דבר, וצרו קסם.

22

מדהימים עם כסף

כל מה שאתם צריכים זה לשאול שאלה - זה הכל.

אני כמו כלב עם עצם כשזה מגיע להנחיית קבוצות. אני אוהבת לפרק את זה, לקרוע את זה לגזרים, ולהעלים את הבעיה לחלוטין - ולהוציא אתכם משם הכי מהר שרק אוכל, ואל עולם חדש.

אז, בואו נתחיל את הפרק הזה עם כמה שאלות נוספות.

מי תהיו אם יהיה לכם יותר כסף?

האם תרצו שיהיה לכם פחות כסף?

אתם מגיעים ממשפחות עשירות?

אתם מגיעים ממשפחות קשות יום ומוגבלות בהקשרים של כסף?

. . .

בסדנאות שלי ברחבי העולם, רוב האנשים מרימים את היד שלהם בשאלה האחרונה. כולם באים ממשפחות מתקשות או עם בעיות. כולם מגיעים מאיזשהו קונפליקט וקושי ומצבים כלכליים בעייתים. אלו רוב החוויות, ההגדרות, הפרספקטיבות והתובנות על המציאות הזו.

הגיע הזמן לפתוח את הדלת לאפשרויות חדשות.

הנושא של כסף קשור להשלכות, לשיפוטים, להפרדות, לציפיות, לשנאות, לדחיות ולחרטות שנקשרות אליו. האנרגיות האלו סביב כסף צובעות את האנרגיה של הכסף עבורנו.

מנקודת המבט שלי, אנרגיית הכסף היא חופש, התרחבות ומודעות. היא קלילה, מלאה ומשחררת את המתנות והיכולות הייחודיות שיש לנו לתת לעולם הזה, ולגלם את זה בעולם ולעשות את מה שאתם רוצים, מה שאתם אוהבים לעשות, מה שהכי קל וכיף עבורכם. והכי חשוב, שאתם מסתובבים בעולם בו האנשים הכי מותאמים לעבוד איתכם מגיעים אליכם, זוכים לקבל אתכם, ואתם זוכים לקבל ולעבוד איתם.

החופש והאפשרויות וההתחרבות של הכסף משנות את המציאות בהתאם למה שקליל, נכון וכיף עבוכרם. מה תרצו להיות ולעשות אם היה לכם את כל הכסף שאתם יכולים לחלום עליו?

במה תבחרו?

מה שגיליתי במהלך חיי הוא שקל לי לייצר וליצור עוד כסף. היה לי קשה, עד השנים האחרונות, להחזיק בכסף ולאפשר לעצמי להחזיק אותו ולהשתמש בו באופן קבוע להשקעות, לטיולים, להנאה, לכיף, וללהסתובב ברחבי העולם.

אז, לייצר וליצור היה לי קל, אבל להחזיק ולשמור על כסף היה משהו הייתי צריכה לעבוד עליו. שם הבנתי את השקר הראשון של הכסף, שאני יכולה לייצר וליצור אבל לא להחזיק. עכשיו, האם יצרתי את זה בעצמי?

לא. אני התחקיתי אחרי המציאות של אבא שלי.

אבא שלי היה עני שגדל במשפחה אלכוהולית והוא היה מולטי-מיליונר בזכות עצמו, אבל בזבז את הכל כי הוא תמיד היה אומר, "הייתי ילד עני מברוקלין. מעולם לא ציפו שאני אהיה משהו. זה מעולם לא הגיע לי. לא הייתי מישהו. אף אחד לא היה אדיב אלי, וכל מה שרציתי הוא שלכם (לאחי, אחותי, אמא שלי ואני) יהיה כל מה שרק תרצו כל עוד אתם חיים. אני רוצה לבזבז את הכל עד שאני אמות, כי זה לא מגיע לי."

הוא לא הצליח לתת לעצמו כלום, אבל הוא יכל לתת מעצמו לכולם. אז, הוא היה מאוד נדיב. כל פעם שיכולנו ללכת למשחק, הייתי אומרת, "אבא, בוא שב איתנו. תהיה פה."

"לא, לכו תהנו, ילדים. אני נהנה עוד יותר. אני אוהב את הפרצופים השמחים שלכם", הוא היה אומר. הוא היה

מצלם אותנו וכאלה. הייתה איזו עצבות, שאמנם כיף נורא שהוא שם ועושה את כל זה, אבל בתור ילדה, רק רציתי שהוא יהיה איתנו, שיהנה איתנו במקום רק מה-"לתת כיף" כשמבקיעים גול או עושים טאצ׳ דאון, או "היי, אנחנו צריכים עוד בירה", או "היי, אנחנו צריכים נקניקיות".

האנרגיה הזו של לבחור לא לקבל, אבל לדעת שאתה יכול ליצור ולייצר, היא קשר כפול. מרכז הקשר הכפול הוא כסף. צד אחד הוא "אני לא יכול שיהיה לי. לא מגיע לי שיהיה לי. אני לא טוב מספיק שיהיה לי" או גירסה כזו או אחרת של זה. והצד השני הוא "אני רוצה שיהיה לכם".

"מה עוד אני יכול להביא לכם? תנו לי לעשות את זה. תנו לי לעשות גם את זה"

גדלתי בניו יורק והלכתי לקולג׳ בקונטיקט. החברים שלי היו באים אליי הביתה והיינו נוסעים חזרה לקולג׳ ביחד. האבות שלהם היו תמיד כזה, "הנה 20$", ושלי היה תמיד אומר, "רוצה כמה מאות דולרים?"

כל כך התפדחתי מזה שלא ידעתי איך לשמור על הכסף הזה או איך להשתמש בו. זו הייתה חוויה מאוד אקראית. זה באמת סיפור יפה. אהבתי לדבר עליו כי שם פיזרתי את האפר שלו. בגלל זה אני אוהבת לחזור לסן פרנסיסקו.

גרתי בסן פרנסיסקו במשך מעל לעשרים שנים. הייתה לי קליניקה ועבדתי בה במשך המון שנים. זה מקום

מאוד משמעותי עבורי, וזו הפעם הראשונה שהייתי כל כך קרוב לאיפה שפיזרתי את האפר שלו. אני מאוד שמחה שהייתי שם.

בכל מקרה, בזבזתי המון כסף. הייתי המלכה של השקרים של הכסף.

חשבתי שזה סיפור של 'הכל או כלום'. אלו אחד הדברים הרעים ביותר שהוא לימד אותי.

עוד דבר הוא, שכל פעם שביקשתי ממנו כסף, או שאלתי איך ליצור עוד כסף, הוא היה אומר, "אז, ליסה. תזכרי מה אמרתי לך. תעשי מה שאת אוהבת... ואם אנחנו כבר מדברים, אל תתחתני. אבל אם תתחתני, אל תעשי את הקטע הזה של הפכים נמשכים כי לי זה לא עבד".

הייתי כזה, "תודה, אבא".

הנקודה היא שכשהייתי מדברת איתו על כסף, הוא היה פשוט נותן לי כסף. במשך שנים לא למדתי איך להחזיק בכסף, לייצר אותו או ליצור אותו, והוא אפילו אמר לי שוב ושוב שזה לא עולם של גברים, ושאני צריכה להיות הבוסית של עצמי.

הייתה לו כל כך הרבה השפעה על החיים שלי, וכשהוא עזב את העולם היה לי מבאס. הוא כן עשה משהו מוזר נוסף עם כסף, שהיה גם הוא קשר כפול. אפשר ליצור כל מה שתרצי, אבל אני המקור לזה. הוא לא אמר את זה, אבל ככה אני פירשתי את זה, עיצבתי את זה, וייצרתי את זה. לקח לי המון זמן לדאוג לעצמי כלכלית

בואו ניקח צעד לכיוון האפשרויות האינסופיות, מגוון האפשרויות שמגיעות אליכם שהן קלילות ונכונות, ולומר 'לא' כשמשהו שמגיע אליכם מתברר כשקר.

23

האצבע המאשימה

עשינו את התרגיל הזה כבר כמה פעמים לאורך הספר, ואני רוצה לחזור אליו שוב. כל פעם, אני מבקשת מכם לדמיין שאתם הולכים לייעוץ זוגי עם הכסף שלכם, מה אתם חושבים שהוא היה אומר?

אתם לא עושים את זה!

אתם לא עושים מספיק!

תעשו את זה, ולא את זה!

מה המילה הראשונה שעולה לרוב האנשים כשהם מדמיינים טיפול זוגי? "אתם"!

אתם יודעים שכשאתם מורים אצבע מאשימה, אתם מבטלים את הערך וההבעלות של מה שנכון לכם עמוק בפנים. זה מה שיוצר את השיפוטיות שאתם מקרינים מחוץ לכם.

אם מישהו מכם לא שמח במערכת היחסים שלו, אולי כדאי שתתקראו שוב את המשפט הזה.

כשאתם משתמשים באצבע המאשימה שלכם, אתם שופטים. וכשאתם שופטים, מה שאתם באמת לוקחים את מה שהוא שלכם ולא שומרים עליו בתור האמת שלכם ועושים תהליך כדי לשנות את זה. אתם מאשימים את הכסף, את האדם האחר. את מערכת היחסים, את העבודה, את העסק, כל דבר.

מה המטרה של להאשים מישהו אחר במה שאתם, בעצמכם, עושים? כנראה כדי שלא תצטרכו להסתכל על עצמכם ועל מה שאתם עושים. ככה אף פעם לא תצטרכו לשנות את מה שאתם עושים, כדי שהכל יישאר אצלכם אותו הדבר ותעשו הכל אותו דבר. אתם יכולים להמשיך לספר את אותו הסיפור: "לא משנה כמה אני מנסה, שום דבר לא עובד לי. וניסיתי".

יש לכם אג'נדה סודית או שקר ששומר על אמונות הכסף שלכם אותו הדבר בלי לפקפק בהן, ואתם אף פעם לא יכולים לשקף את זה לעצמכם. במקום זאת, אתם משחקים משחק האשמות בלתי נגמר.

אז, תנו לי לספר לכם עוד על השקר השני של הכסף, 'מה אתם?'. בשבילי, זה לא להחזיק בכסף, להמשיך בהתקפי הבולמוס הבזבוזיים ההם, ולהשתמש באבא שלי כמקור לזה ככל שהתבגרתי.

אני זוכרת שכשגרתי באריזונה והתחלתי את התואר השני שלי, ניהלתי מרכז מגורים טיפולי בו הרווחתי 30$

לשעה. באותה תקופה, האופן בו התחברתי לאנשים
היה להגיד להם "עליי, בואו נצא לאנשהו".

והייתי שמה את הכסף במרכז השולחן - לא רק שטר
אחד של $100 - והיינו יוצאים ונהנים עד שכל הכסף
נגמר.

מה הייתי?

הייתי אבא שלי בלי שבכלל הבנתי את זה.

ואז התחלתי באמת לצלול לתוך המנגנונים
הפסיכולוגיים שלו, כי הדרך היחידה להתחבר איתו
הייתה דרך כסף. ואם לא היה לי כסף, אף אחד לא ירצה
לבלות איתי, להיות חבר שלי, או פשוט להיות בחברתי.
איזו מערכת אמונות נוראית ומשוגעת!

אף אחד לא אמר לי את זה. אני יצרתי את זה כי זה מה
שאבא שלי פחד ממנו. הוא חשב שאי אפשר לאהוב
אותו. הוא לא חשב שמגיע לו כלום. ואני חשבתי בדיוק
כמוהו במשך שנים על גבי שנים על גבי שנים. וזה
המשיך ככה עד שמשהו השתנה.

אני זוכרת את היום הזה טוב מאוד.

היום בו ראיתי אפס בחשבון הבנק שלי.

נבהלתי. הייתי בהלם, ולא היה לי למי להתקשר כי
התפדחתי להתקשר לאבא שלי אחרי כל הכסף שהוא
הביא לי. אני בטוח לא אתקשר לאמא שלי כי ידעתי שזה
יסתיים בנאום של קללות באיטלקית ועוד שפות

?מה הייתי

אני התנהגתי שוב ושוב כמו אבא שלי. ואז נפלה עליי הבדידות הזו, אפילו אם היינו יוצאים ומבלים. זה כבר הפך להיות לא כיף בשבילי כי לא הייתי אני. הייתי הוא, ואפשר להיות מישהו אחר רק כמה פעמים בודדות לפני שהמעגלים במוח שלכם נכבים ואי אפשר להשתמש בהם יותר. זו הייתה אותה ההתמכרות. מגיעים לרמה מסוימת, אבל אז ה"היי" יורד וצריך לעלות רמה. רמות הסיבולת שלכם משתנות.

אתם צריכים יותר, אתם צריכים יותר, אתם דורשים יותר. אני החלטתי, למרבה המזל, שמה שאני צריכה יותר ממנו הוא להבין מי אני ומה אני. הייתי צריכה לבחור לשחרר מלהיות הוא. וזה הגיע עם עוד ערימה של החלטות. האם אני צריכה לוותר על האהבה שלו לעסקים? האם האהבה שלו לעסקים הייתה בריאה? והאם זו האהבה שלי לעסקים, או שאני מעתיקה את האהבה שלו?

האם זו האהבה שלו לכסף, או האהבה שלי לכסף? האם הייתי בתחום הבנקאות ובבית הספר למנהל עסקים בקולג' בגללי או בגללו? האם אני צריכה בכלל לעסוק בפסיכולוגיה, או שאני צריכה לעבוד בתחום העסקי בניו יורק כמו שאר המשפחה שלי?

כל זה מעולם לא היה קורה. אני זוכרת שהסתכלתי מחלון חדר השינה שלי וצפיתי בכולם - בנשים ובגברים שהולכים לתחנת הרכבת כי גרתי ממש ליד התחנה.

ונחשו מה? אף אחד מהם לא חייך כשהוא עבד. אני הבטחתי לעצמי שאני לא ארצה להתפרנס מלעשות משהו שלא משמח אותי או שלא התרגשתי ממנו כל יום ויום.

מה הם היו?

באחת הסדנאות שהנחיתי, השיחה עסקה במה שיציב וצפוי, כשמשתתפת חשפה שהיא מגלמת את התכונות האלו. חקרנו את המקור של האמונות האלו, והגענו לשורש - אמא שלה. מה שיציב וצפוי הרגיש מוכר ובטוח, כשהתקציב קבוע וברור.

כשחקרנו יותר לעומק, גילינו שהאמונה הזו מושרשת בעצמי בת ה-8 של המשתתפת. זה נוצר כבר אז, והיא עדיין החזיקה בזה. הבנו שהמשתתפת חייבה את עצמה בת ה-8 לנהל את המציאות הכלכלית שלה. חקרנו את היתרונות והחסרונות של הגישה הזו. וכמובן, אף אחד לא רוצה שילד ינהל את הפיננסים שלו.

אז, השיחה נטתה לכיוון שחרור מהמחויבות הזו, לתת לבת ה-8 הזו מענק פרישה של כיף, חופש ואחריות של מבוגרים. האנרגיה בחדר הפכה קלילה כשהמשתתפת אימצה את הפרספקטיבה החדשה והמעצימה הזו של כסף.

מתחת לנראות החיצונית של היציב והצפוי שנוצרו מהגישה הכלכלית של אמא שלה, גילינו זרם תחתי של פחד וחרדה. המשתתפת הפנימה את הרגשות האלו באופן תת מודע, ותייגה אותם כביטחון באופן שגוי.

התובנה הזו עודדה שינוי משמעותי בפרספקטיבה שלה - השתחררות מכל העוגנים הכלכליים מהילדות. המשתתפת התחילה להבין שהמציאות הכלכלית לא כזו נוראה כמו שהיא חשבה. זה היה רגע טרנספורמטיבי, היא נפתחה לאפשרות של מערכת יחסים בריאה יותר עם כסף.

אז, תשאלו את עצמכם. האם אתם נותנים לילד הפנימי שלכם לנהל את חשבון הבנק שלכם? או שאתם אלה שאחראיים?

24

נפלאים עם כסף

מה אם תצאו מפה בלי שום דבר, חוץ מעצמכם והמרחב שהוא ההוויה שלכם?

אם היה לכם שרביט קסמים - ואתם הייתם אתם, מה הייתם בוחרים כאן ועכשיו?

האם תעבדו לפי תקציב, או שתתנו למישהו אחר להופיע ולהראות לכם מה כיף להם?

מצאתי אישה מסוימת שאהבה מאוד מספרים, והיא תמיד דיברה איתי במספרים. היא עשתה הכל כל כך ברור עבורי בכל החשבונות שלי, והיא צירפה אותי למערכת ניהול ספרים אונליין. זה מדהים. המגבלה הזו אצלי נפתחה.

ואני התחלתי להרגיש כל כך יצרנית ורחבה רק מעצם הידיעה שהיא מנהלת את הכל בשבילי, ושאני זוכה

לדבר איתה על זה. אז, כשהיא שאלה אותי משהו, הייתה בי התרגשות של, "כן. הנה זה", או כשהיא אמרה, "תראי את זה", אני אמרתי, "יאללה, בואי נעשה את זה."

הייתה התרגשות סביב הנושא הזה, כשאחרי שאבא שלי נפטר ולא היה לי אותו בתור מקור כספים יותר, אני הייתי מבוהלת לחלוטין. לא ידעתי מה לעשות. הייתי חייבת ליצור את המציאות הכלכלית של עצמי, בפעם הראשונה בחיי.

היום אני שמחה על איפה שאני נמצאת, מונחית מהאנרגיה הנכונה לי.

אני יודעת מיד מתי זה, "לא, עוף מפה, אני לא מתקשרת אלייך חזרה."

אני יודעת מתי נפתחת דלת ואני כזה, "זה בדיוק מה שטוב לי. אני צריכה אותה או אותו."

אתם יודעים על מה אני מדברת? אני מבינה את זה עכשיו. לא ידעתי את זה אז כי חייתי תחת מערכת האמונות של אבא שלי.

אז, אחרי שקראתם את זה ואתם מרגישים יותר קלילים, מתרחבים וחופשיים, מצוין. אם אתם מרגישים נורא ואתם יוצאים מכאן וחושבים לעצמכם, "לעזאזל, יש לי הרבה עבודה לעשות", מצוין, כי לפחות אתם מכירים בשקרים.

מי אתם? מה אתם? לאיזה שקר(ים) נפלתם? תזכרו, המי הוא בדרך כלל מישהו, והמה הוא בדרך כל אנרגיה. והשקר הוא אמונה שאתם מחזיקים בה, שנכנסה לתוככם דרך מישהו אחר או אנרגיה אחרת, ואתם עדיין תופסים אותה כאמת.

יש כל כך הרבה מחסומים תרבותיים ללסדר את המציאות הכלכלית שלכם. תנו לי לחלוק איתכם עוד אינטרקציה שהייתה לי באחת מסדנאות השקרים של הכסף שהנחיתי. אז, אנחנו מדברים על כסף, והאווירה מתחילה להיות מעניינת. פתאום, משתתף רוסי הטיל את הפצצה הזו בחדר: "זה לא בסדר להחזיק בכסף". החלטנו לשחק עם זה קצת, לומר את זה באנגלית ואז ברוסית. באופן מפתיע, הגירסה הרוסית הרגישה קלילה יותר, מרגשת יותר.

חפרנו קצת יותר עמוק לתוך האופן בו האמונות התרבותיות עיצבו את האמונות הכספיות שלו. מסתבר שנקודת המבט הרוסית הרגישה יותר חופשיה למשתתף הזה. ואז, הגענו לנקודה משמעותית - המילה "מרושע" היא "לחיות", מאויית הפוך (הערת המתרגמת: live, evil). עלינו פה על משהו.

המשתתף סיפר על השליליות שסובבת כסף בקהילה הרוסית. זה מתסכל. חקרנו את האמונה שכסף הוא מרושע וחשפנו קונפליקט עמוק. הוא הבין שהוא תקוע בלהצדיק ולא בלחיות, כמו אמא שלו, ושזה לא היה לו מגניב יותר.

השיחה הראתה איך אמונות כספיות, כלכליות וחוויות אישיות מתערבבות יחד. העבודה שלי הייתה לשאול שאלות ולגרום לו לחשוב. המטרה? לעזור לו לראות את הכסף באור חדש ומעצים.

השיחה הזו הראתה שלפקפק במה שאנחנו חושבים על כסף יכול לשחרר אותנו. זה מסע למערכת יחסים טובה יותר עם עושר. והיא הוכיחה שלשנות את איך שאנחנו רואים כסף יכול לפתוח את הדלת ליותר שפע ושמחה.

כשאני נזכרת בשיחה שלנו, זו תזכרות ללמה אני כאן - כדי לעזור לאנשים כמו המשתתף ההוא להשתחרר מאופני חשיבה ישנים ולצעוד לתוך עתיד בהיר ומזהיר יותר.

כמה מהאמונות הבאות שמעתם בחייכם: שכסף הוא דבר מרושע? שאי אפשר להתקדם באמת בחיים? שאם תרוויחו יותר משאר המשפחה שלכם, יגלו אתכם ויגרשו אתכם? או שלא יאהבו אתכם אם יהיה לכם יותר כסף מלשאר המשפחה והחברים שלכם?

וכמה ממה שאתם הוא ויתור על החופש הכלכלי שלכם בשביל משהו שהוא בכלל לא אתם?

כי אם אני אשאל אתכם, מעבר לשכל ומעבר לחשבון הבנק האמיתי שלכם, אתם יודעים שאתם נהדרים עם כסף?

מישהו לא ידע את זה? אמת

זה בסדר, אתם לא תסתבכו. תגידו "אני נהדרת עם כסף".

אם אתם מהססים, מתי הפסקתם להיות נהדרים? מי אתם כשאתם עוצרים? מה אתם? מה אתם כשאתם עוצרים? לאיזה שקר אתם נופלים?

כי, זה הקטע. אם אתם נהדרים עם כסף בנקודה מסוימת, אתם עדיין נהדרים עם כסף, גם עכשיו. זה פשוט מוסתר.

זה נשמע אולי קצת כמו תיאוריית קונספירציה, אבל זו רק דרך להסדיר את המציאות שלכם ולהישאר למטה. זה מה שהמציאות באמת עושה. היא שמה אתכם בקופסה ומנסה להיפטר מכם. זה כמו הצעצועים ששיחקתם איתם כילדים כשהתחלתם ללמוד על עיגולים וריבועים, ולקחתם את העיגול וניסיתם לדחוף אותו לתוך הריבוע. זה כמו 'כסף זה מרושע' ו-'אני לא טוב עם כסף'. ואתם ממשיכים להגיד את זה שוב ושוב, אבל העיגול בחיים לא ייכנס לתוך הריבוע, כי אתם העיגול. העיגול נכנס לתוך העיגול, כי אתם נהדרים. אתם עיגול.

הגיוני לכם? אז, האם אתם נהדרים עם כסף?

כן? והאם תוותרו על מעלה אחת של מה שזה לא יהיה שאתם בוחרים לא להיות?

כל רגש שעולה לכם, תגלשו עליו כאילו זה גל באוקיינוס. תנשמו מהפה. רגש, אנרגיה היא רגש

אני עובדת עם סוחר מניות נפלא שעושה המון כסף באוסטרליה. ואז משהו קרה והוא עשה "בחירה" לא טובה אחת, ואז, כתוצאה מכך, כל החלטה שהוא עשה אחריה הייתה גם היא לא טובה, עד שהוא כמעט הפסיד את כל מה שהיה לו ולקח לו חצי שנה של עבודה עצמית כדי להחזיר לעצמו את הביטחון העצמי.

זה היה מתסכל - מתסכל עבורו ועבור אשתו. הם שניהם היו סוחרי מניות, וברגע אחד, הם כבר לא הצליחו לראות את הנפלאות שבהם. היא נעלמה.

כשמשהו כזה קורה, לא משנה מאיזו סיבה כי הסיפור פה לא משנה, מתחילים לבחור שוב ושוב בחירות שנוגדות את מי שאתם, ואתם מתחילים באמת להאמין באנטיתזה של מי אתם. אתם שוכחים שהרווחתם מיליון דולר או שאי פעם הייתם מצליחים. לא רק בנוגע לכסף, אלא בנוגע להכל. ובשבילי, זו ההתעללות הגדולה ביותר שיש במציאות הזו.

זה לוקח את כל הנפלאות שבנו ומעוות ומקטין אותה להיות משהו אחר שבכלל לא נראה כמונו. ואז אתם מסתכלים במראה וחושבים לעצמכם, "מי אתה, לעזאזל? ואז אתם כזה, "אהה, כן. זה אני. תנו לי להתחפר חזרה במאורה שלי. אני הולך לחיות בארץ הפאתטיים".

זה לא חייב לקחת עשרים שנים של טיפול עם הכלים האלו. תאמינו לי, אני יודעת שנפטרתי מכל מיני מטענים. אני יודעת איך זה להסתכל על דברים שמעולם

לא רציתם להסתכל עליהם שוב ולהיזכר איך הם מרגישים או מריחים.

אבל אני יודעת שכשאני מסתכלת, אני מועצמת, כי אני עכשיו יכולה לבחור בחירה מודעת. אדם יכול לבחור להתעלם או לשכוח מהבחירה, אבל זה לא לוקח מהם את הכוח לבחור.

האם זה יהיה מהנה? לא.

האם יהיה לזה טעם של מרה לפעמים? כן. האם זה יהיה רק טעם של מרה למשך תקופה קצרה? כן.

אתם לא חייבים לבזבז עוד עשרים שנה בלהיות מישהו שאתם לא, או ליצור את האנטי-אתם. אתם יכולים להיות, החל מהיום, רק עצמכם. כשאתם אתם, האני האמיתי שלכם, טביעת הנשמה שלכם - הנפלאות שבכם ברורה לכולם.

האם זה יהיה בסדר שהגוף שלכם כבר לא יהיה המחסן שאוגר את כל השיפוטים של כולם מסביבך, וחוסר המוכנות שלהם להחזיר בכסף? תגידו כן בקול רם, אם כן...

אז, כשאנשים עושים את זה סביבכם ואתם מרגישים שהם מסובבים אתכם, אתם יכולים לומר, "תפסיקו לזרוק עליי את החרא שלכם, אני בוחרת במציאות הכלכלית של עצמי".

זה כמו המגן הקסום שלכם.

לעולם, לעולם, לעולם אל תתכחשו או תבטלו את מה שניתן לכם ומה שנוצר עבורכם. להחזיק בדברים בעולם הזה זו היכולת לקבל, בטח כשזה נוגע לכסף, ברמה שרוב האנשים שואפים אליה ולא מצליחים להגיע אליה.

אנחנו צריכים עוד אנשים בעולם הזה כמוכם, שמוכנים לקבל ולשאוף לעולם נטול התעללות - וזה כולל התעללות כלכלית.

אז, תמשיכו להחזיק בכסף, ותמשיכו לאפשר לאנשים סביבכם, לחברים שלכם, באמת לדעת, להיות, לקבל ולהפנים את מי שאתם באמת. זו מתנה.

השותפה שלי הגיעה ממשפחה עשירה, היא מנהלת כסף ויש לה הרבה כסף. מעולם, מעולם, מעולם לא היה חסר לה כסף.

לי היה את אבא שלי והיה לנו כסף, אבל תמיד עבדתי בשביל הכסף הזה. עבדתי מגיל מאוד צעיר. וגם הייתה הרבה התעללות, היו הרבה סיפורים.

יש לי היסטוריה בעולם הדוגמנות עם כסף שהייתה מלאה בדברים פורנוגרפיים שהסוכנות בה עבדתי עשתה. זה סיפור ארוך מדי כדי להתחיל להיכנס אליו עכשיו, אבל היו לי הרבה עניינים סביב כסף והחזקה בו. לא רציתי אותו כי הוא היה מקושר אצלי להתעללות ודברים כאלו. שילמו לי לעשות משהו, ומעולם לא באמת קיבלתי את הכסף.

אז כשהייתי איתה ולמדתי באמת איך להחזיק בכסף, וצפיתי באופן פרגמטי בנהדרות שלה עם כסף, וזה חדר גם למציאות שלי בדרכים שגרמו לי לחשוב ולהרגיש ולדעת ולהיות ולקבל עוד כסף - ולהשתפר בלהחליט החלטות על כסף רק בזכות זה שהייתי בנוכחותה וצפיתי והסתכלתי, עד לנקודה שבה ראיתי אותה אומרת, "אני לא אקנה ווי-פיי במטוס כי זה עוד $7."

וחשבתי לעצמי, "אוקיי, אם מישהו שיש לו כסף לא רוצה לעשות את זה, מה זה? כאילו, באמת, מה זה?" זה לא שיפוטיות - זה לא כאילו חשבתי, "היא קצת דפוקה."

ועצרתי וחשבתי על כל מיני החלטות, ואמרתי לעצמי, "אוקיי, אני באמת צריכה לטוס במחלקה ראשונה או מחלקת עסקים לכל מקום? האם הגוף שלי באמת אוהב את זה?"

זה כל מיני דברים שלמדתי בזכותה.

אז, איך תתנהגו עכשיו, כשאתם יודעים שאתם יכולים ליצור את המציאות הכלכלית שלכם? מי תהיו? מה תעשו ואיך תיצרו ותייצרו? אמת

כשתניחו את הספר הזה היום, תכתבו 25 דברים על המציאות הכלכלית שלכם. ואז תיצרו אותה כל יום במשך שלושים ימים. תעשו פעולה אחת כדי לפצוח בשלושים ימים האלה. ואז תעשו עוד אחת, ותעשו עוד שלושים ימים כאלו.

תהיו אתם, תתחייבו לעצמכם, ותשתתפו פעולה עם היקום שפועל כדי לברך אתכם, ואז תיצרו מתוך המקום הזה. לזה אני קוראת חיות רדיקלית. אתם יכולים ללמוד עוד על חיות רדיקלית בשני הספרים האחרים שלי - *חיות רדיקלית מעבר להתעללות* ו-*ליצור אחרי התעללות.*

25

לשבור את השקרים המערכתיים

בדיוק כמו שאתם מספרים את כל השקרים האלו ברמה האינדיבידואלית, אנחנו גם מרגישים שקרים ברמה המערכתית. באופן מעניין, אחת המשתתפות בסדנה שלי בסן פרנסיסקו אמרה,

"יש שקר כשאנחנו עובדים במערכת הדולר האמריקאית. אנחנו צריכים כסף ואנחנו משתמשים בכסף, אבל המטבע שאנחנו יוצרים מדפיס עוד ועוד כי הרזרבה הפדרלית ומשרד האוצר הם הונאות שפועלות נגדנו, כי הם משעבדים את העתיד שלנו ואת העתיד של הדור הבא. הם מבזבזים מעבר לכל יכולת שליטה. אנחנו בחוב של טריליוני דולרים.

למה האנרגיה הזו מתחברת כשאנחנו מקבלים את הדפים האלה של דולרים מהעבודה שלנו, את הצ'ק, אבל זה שקר. ב-1971, זה היה מקושר לתקן הזהב. אבל

הם שיבשו את זה והדפיסו כסף איך שרק בא להם,
ועכשיו הגענו לנקודה בעולם בה..."

הבנתי מה היא אומרת, ויש בזה הרבה אמת. אבל מה
שחשוב הוא כמה מתוך מה שהיא אמרה היא מגלמת
בתור תגובת ההתנגדות שלה נגד קבלת כסף, וכמה זה
משפיע על חשבון הבנק שלה?

ככה היא השתמשה בהתעללות הזו על עצמה.

אפילו שהיא דיברה אמת, היא הפכה להיות חלק
מההתעללות בכך שהיא לא הרשתה לעצמה שיהיה לה
משהו משלה, ומה שהיא יכולה לעשות כדי לפרק את
השיטה הזו, לשנות את העולם ולהיפטר ממונסנטו, אם
רק היה לה כסף.

אנחנו יכולים להעלים ולחסל את ההתעללות מעל פני
כדור הארץ אם רק נשתמש בכסף כדי לשנות את
המציאות. אם לא נוכל לקבל, אנחנו הופכים להיות
חלק מהבעיה, ולא חלק מהפתרון.

אנחנו חייבים להסתכל מסביבנו ולהיות הסוכנים של
השינוי בחיים שלנו. עבורי, המציאות הכלכלית שלי
דואגת לגוף שלי. זו היתה חתיכת עבודה ללמוד
להקשיב לגוף שלי. המציאות הכלכלית שלי היא של
להחזיק. העשר אחוז כפול שלוש שלי: הגוף שלי, העסק
שלי, והחשבון האישי שלי. הרעיון הוא לחסוך - לקבל -

שלושים אחוז מכל דולר שתרוויחו, ולהפריד לחשבונות נפרדים לגוף, לעסק, ולעצמי.

המציאות הכלכלית שלי היא שאני אטוס ברחבי העולם לכל מקום שיזמין אותי להעביר בו סדנאות. המציאות הכלכלית שלי עושה תכנית רדיו בקול אמריקה שהיא עבודה מתוך שליחות שעולה משהו כמו שלושים עד חמישים אלף דולר בשנה. זה מקור חינמי כי אני יודעת שאני אקבל את השיחה הזאת מדובאי או פקיסטן או הודו או אוסטרליה או הונג קונג או ישראל או לא משנה מה, ואני אנחה את האדם הזה לצאת מתוך הכלוב שלו ואל החיות הרדיקלית - ואשנה את העצמי הטראומתי שלהם לחי בחיות אורגזמית - אני יודעת שככה אני מגיעה לאותה מדינה ולאותה אדמה.

אני יודעת שיש אינטרנט בכל מקום, ושאני לא הולכת לעצור אם זה עדיין חלק מהמציאות הכלכלית שלי.

כמה ממה שאני אמרתי קשור לכסף? הפרק הזה הוא תזכורת ליצור את המציאות של עצמכם. הספר הזה נועד כדי שתקבלו את עצמכם כמתנה של אהבה עצמית. אהבה עצמית היא המשיעה שלי מהמציאות הכלכלית שלי. לעבוד כדי שיהיה לי, כדי לתת, לחסוך, להבטיח וליצור את המציאות שלי מתוך המקום האותנטי והאמיתי שלי זו המטרה הנעלה ביותר של חיי הרוחניים. ובכנות, אני בוחרת לחיות חיים רדיקליים, חופשייה מכל מגבלה שמעולם לא היתה באמת שלי. מה איתכם, קוראים יקרים שלי? מה המציאות הכלכלית שלכם?

אני כל כך כך מודה לכם על הזמן שלכם. בשביל כל מי שהגעתי אליו פעם ראשונה, תודה שקראתם. בשביל מי שמכיר אותי כבר טוב מאוד, תודה. אני מעריכה את הזמן שלכם. אני מעריכה את תשומת הלב שלכם. אני מעריכה אתכם.

אני מקווה שתמצאו ערך בכל מה שכתבתי. אני מקווה שתרמתי לכם, ואני מקווה לשמוע את התגובות שלכם על הקריאה הזו.

תהיו אתם! מעבר לכל דבר! צרו קסם! וצאו, תהיו, תיצרו!

אחרית דבר

במבוא, אמרתי לכם שאתם מחזיקים במכרה זהב, ואני
מקווה שעכשיו אתם מבינים למה.

האמת היא שאין שום סיבה שלא תיצרו את כל הכסף
שתרצו, כל עוד יש לכם את האומץ והנכונות להסתכל
'מתחת למכסה המנוע' של המציאות הכלכלית שלכם.
בספר הזה, הראיתי לכם דרך ונתתי לכם כלים להתחיל
את התהליך של בחינת שלושת השקרים של הכסף.

השקר הראשון הוא שהכסף הוא האלוהים, ואתם
נחותים ממנו.

השקר השני הוא שכסף הוא המתעלל שלכם, הסוהר
הנצחי שלכם, ושאתם לא יכולים שיהיה לכם אותו.

השקר השלישי הוא שכסף הוא הבעיה.

ואפילו שאלו לא כל השקרים של הכסף, זה מספיק כדי
לשלוח אתכם לדרככם

זיכרו, אתם צריכים לעשות שינוי של מעלה אחת בלבד, כן?

אני בטוחה ששמתם לב שיש המון שאלות מהותיות שאתם יכולים לשאול את עצמכם כדי להתחיל ולפרק את מה שקורה אצלכם בנוגע לכסף, ואני מקווה ששאלתם את עצמכם את השאלות הללו במהלך הקריאה, או סימנתם אותן כדי לחזור אליהן אחר כך.

אבל אם לא עשיתם את זה, או מרגישים שאתם צריכים עזרה עם זה, תסתכלו על הנספח בו פירטתי מקורות נוספים. יש שפע שלהם והם כולם נועדו כדי לעזור לכם (לשאוג® - החיות הרדיקלית והאורגזמית שלכם).

כל פעם שתתקעו ותרצו לעזור לעצמכם להתגבר על המכשול, תתחילו מלשאול את עצמכם את שלושת השאלות החיוניות האלו:

- *מי אני?*
- *מה אני?*
- *לאיזה שקר נפלתי והפכתי אותו לאמת?*

ואז, כשתגלו את האמת בעצמכם ותשחררו את האנרגיה הזו, אתם תרצו להמשיך בחיים לפי "ארבעת העקרונות":

- *תתחייבו לעצמכם*
- *ביחרו בעצמכם*

- *היקום פועל כדי לברך אתכם ורוצה לשתף פעולה איתכם*
- *תיצרו את עצמכם*

ברגע שתתחילו לבחור את מה שקליל ונכון לכם - ותלכו אחרי האנרגיה הזו - כסף יילך אחריכם בזכות מה שיש בתוככם.

...אז, כמו שאמרתי לכל האחרים

נראה אתכם הופכים להיות הצונאמי או רעידת האדמה המהלכת והמדברת שמשנה את המציאות רק בזכות הנוכחות שלכם, תהיו השאגה® שלכם (לחיות מציאות אורגזמית רדיקלית).

תהיו אתם, מעבר להכל, וצרו קסם.

ד"ר ליסה

ד"ר ליסה קוני, פורצת דרך בתחומי השינוי העצמי!

מטפלת זוגית ומשפחתית מורשית, מאסטר תטא הילרית ואשת אשכולות, היא המוח מאחורי לחיות מתוך השאגה שלך! תהיו אתם! מעבר לכל דבר! צרו קסם! ד"ר ליסה הנחתה אינספור נשמות במסע שלהם לצאת מזמנים מאתגרים, כמו קשיים בילדות, ולאמץ את גישת ה-"לחיות מציאות אורגזמית רדיקלית (שאגה®)".

עם דוקטורט בפסיכולוגיה ושק מלא בכישורים מדהימים, כמו רייקי, תטא הילינג, תרמומטרי, תרפייה בנשימה, פסיכודרמה, תרפייה בחלומות, רוחניות מעורבת חברתית, היפנותרפיה ממוקדת לב, והיפנוזה עמוקה המבוססת בשאמאניזם, ד"ר ליסה היא מומחית מורשית.

הקסם של ד"ר ליסה נובע מתהליך הריפוי האישי שלה, בו היא לא רק התגברה על קשיי ילדותה, אלא גם ריפאה את עצמה ממחלה מסכנת חיים. בבסיס לימודי השינוי שלה יש ארבעה כללים מרכזיים: תבחרו בעצמכם, תתחייבו לעצמכם, תשתפו פעולה עם ברכות קוסמיות, וצרו את החיים שאתם רוצים - אלו הם ארבעת העקרונות לשינוי משמעותי.

כגורו גלובלית ומבוקשת, ד"ר ליסה מנחה שיעורים, סדנאות ונאומים מחשמלים ברחבי העולם. מוכרת בזכות המנטרה הנמרצת שלה "אני אשיג את זה!... לא משנה מה!", ד"ר ליסה מלמדת אנשים איך לרכב על גלי הקסם והאנרגיה היצירתית כדי לחיות חיים שהם לא רק קלילים ונכונים, אלא פשוט מענגים.

אתם יכולים למצוא את הנוכחות הנמרצת שלה בתכנית שלה בערוץ ההעצמה של קול אמריקה, שם היא מתחברת עם אלפי מאזינים נלהבים כל שבוע. אתם יכולים גם לקרוא את הספרים האחרים שלה, שזכו להצלחה בינלאומית, ביניהם *חיות רדיקלית מעבר להתעללות וגם ליצור אחרי התעללות*.